知ってるだけで避けられる!

危ない前兆

ホームライフ取材班〈編〉

青春新書
PLAYBOOKS

その前兆に気づかなければ、大変な事態になる！

　ある日突然起こる、体の不調やさまざまなトラブル。しかし、本当にそれらは何の前触れもなく、いきなり発生するのだろうか？　早く発見すれば適切に対応できるのに、何らかの兆《きざ》しやサインを見逃してしまい、事態を悪化させるのではないか？

　例えば、肌に紙やすりのようなザラザラした感触のシミができた、郵便受けにいつの間にか「W」「SS」「9-20」といった謎の記号が書かれていた、最近、食事のあとにひどく眠くなる、妻がやたらと甘いお菓子を食べるようになった、裏山の湧き水が急に濁ってきた、天ぷらを食べると脇腹が痛む、家の外壁を触ると手に白い粉がつく、口内炎がなかなか治らない、エアコンや車から変な音がする……。

　本書では健康や災害、電化製品や身の回りの道具、住まい、犯罪など幅広い分野から、こうした兆しや初期のサインを多数集めた。せっかくの前兆を見落とした場合、どうなってしまうのか。その答えは、本書を読んで確かめてほしい。あなたにいま起こりつつあるトラブルを未然に防ぐことができれば幸いだ。

知ってるだけで避けられる！　危ない前兆

命にかかわる病気の前兆

犯罪やトラブルの前兆

買い替えや修理どきの前兆

危険な病気の前兆

老化を知らせる前兆

災害が発生する前兆

住まいのトラブルの前兆

食べものの異常を教える前兆

気になる病気の前兆

車が故障する前兆

ペットの異変を知らせる前兆

命にかかわる病気の前兆

病気から速やかに回復するには、
早期発見、早期治療が肝心。
兆しにいち早く気づけば、
命にかかわるような
怖い病気も恐れることはない！

耳たぶに深いシワができた

要注意！ 心臓病になる可能性が3倍高まった

「あれ、耳にこんなシワ、あったっけ？」家族にこういわれ、スマホで自撮りをして確認すると、耳たぶに深いシワが刻まれているのを発見。こんなもの、以前はなかったような気がするが……。

中高年になって、耳たぶに深いシワができるのは、無視していいような体の変化ではない。これは単なる肌の老化ではなく、耳たぶにある毛細血管で動脈硬化が進行し、脂肪組織が収縮してできた可能性が高いのだ。

シカゴ大学の研究によると、耳たぶにこうした深いシワのある人は、そうでない人に比べて、心臓病で死亡するリスクが3倍高まるという。危険を教えてくれる意外な前兆なのだ。特に高血圧や糖尿病などの持病を抱えている人は、適度な運動やバランスの取れた食生活などを一層心がけるようにしよう。

紙やすりのようなザラザラした感触のシミが

がん一歩手前の「日光角化症」の疑いあり！

誰でも年を取ったら、長年の紫外線などの影響によって、顔や腕にシミができやすくなる。年だから仕方がない……と思って放っておくのが普通だろう。けれども、じつはシミと思われるもののなかには、非常に危険な病気の前兆のことがある。

暗い肌色ではなく、紅色に近い色のシミができたら、指の腹の部分で表面を触ってみよう。紙やすりのようなザラザラした感触があるのなら、日光角化症という病気になった疑いが強い。

日光角化症は日本人に多い皮膚がんの一種、有棘《ゆうきょく》細胞がんになる一歩手前の状態だ。特に男性の高齢者に多く、日光をよく浴びる部分である顔などにできやすい。日焼けをした場合、黒くなるのではなく、赤くなるタイプの人が発症することが多いとされている。がんを前兆の段階で発見し、早期治療を受けるようにしよう。

最近、太い便がなかなか出なくなってきた

血便もあれば、大腸がんの疑いが強くなる！

トイレで用を足したあと、水を流す前に便器の中をのぞく習慣があるだろうか。自分の大便なんて、あまり見たくない……などと思っていてはいけない。毎日チェックしていると、怖い病気をいち早く発見できるかもしれないのだから。

大便の形は人によってさまざまだ。便秘がちの人なら、固くて短いかたまりがぽろぽろ出る。一方、酒をよく飲む人などは軟便気味のことが多い。

一般的にいえば、便の直径が2㎝余り、長さは10㎝から15㎝といったところだろう。最近、自分のイメージよりも大便がちょっと細くなった、と感じるなら要注意。何らかの病気が原因でそうなった場合がある。

まず考えられるのは大腸のトラブル。直腸や結腸に大腸がんができた場合、潰瘍のある部分が狭くなることから便が細くなるのだ。大腸が狭くなる病気としては、ほか

に大腸ポリープもある。この場合、潰瘍ではなくポリープが腸を狭くして、太い便が出なくなってしまう。

主にストレスが原因の過敏性腸症候群になっても、軟らかくて細い便が出ることが多い。この場合、腸内環境が乱れて便が軟らかくなることから、漏らしてはいけないと大腸が狭まって便が細くなる。腹痛や腹部の不快感を伴うことも多く、下痢と便秘が長期間続く厄介な病気だ。

便が細くなる病気は、大腸がんだけではないが、便に血が混じった場合はその疑いが非常に強くなる。胃潰瘍や胃がんでも便に血が混じるが、この場合は色が黒い。これに対して、大腸がんは消化器官の出口近くで出血するので、便がとても鮮やかな赤色をしているのが特徴だ。こうした場合は、できるだけ早く受診しよう。

大腸がんは男性では胃がん、肺がんに次ぐ3番目、女性では乳がんの次の2番目に多い。早期の大腸がんは自覚症状がほとんどないので、便の太さと血便のチェックが重要となる。検査も大切で、毎年の便潜血反応検査（検便）はもちろん、50歳を過ぎたら大腸内視鏡検査を受けることをおすすめする。

片側の足が急にしびれて、そのうち治まった

脳卒中の前兆かも！　回復しても安心できない！

日本人の死因の第4位が脳卒中で、年間10万人余りが死亡している。近年、死亡数は減ってきてはいるが、それでも非常に怖い病気には違いない。

脳の血管が詰まる脳梗塞、血管が破れる脳出血とクモ膜下出血をまとめて脳卒中と呼ぶ。発症の仕方については、突然、意識を失ってしまう、後ろから頭をバットで殴られたような激痛が襲う、といったイメージが強いのではないだろうか。

しかし、じつは脳卒中のなかには、いきなり激しい症状が表れない場合も多い。これくらいたいしたことはない、と思うような軽い前兆があり、放っておくことにより命取りになるケースもあるので注意しなければならない。

放置されがちな脳卒中の前兆が、体の片側がしびれることだ。いきなりひどくしびれ、感覚がなくなるほどになったら、誰もが脳卒中を疑うだろう。

ところが、いったんはしびれたものの、その後、自然と治まる場合もあるのだ。こうした短い時間のみ脳卒中に似た症状が表れることを、一過性脳虚血発作という。脳の血流が一時的に悪くなるものの、脳細胞が壊れるにはいたらず、血流が回復するという流れのなかでこの発作が起こる。

しびれのほか、言葉がうまく出なくなったり、ろれつが回らなくなったりする言語障害、体の片側がまひして動かしにくくなる運動障害、片方の目、あるいは片側が見えにくくなる視力障害や視野障害などが起こることも多い。

厄介なのは、短いと数分、長くても1時間ほどで回復することだ。このため、病院を受診しないままやり過ごされることが少なくない。だが、症状が治まったのは一時的なことで、決して安心できない。この一過性脳虚血発作が起こると、48時間以内に脳卒中が発症することがよくあるのだ。

しびれやまひ、言語障害などが起こってほどなく回復した場合、ほっとして病院に行かないでいると命取りになるかもしれない。本格的な脳卒中を発症する前に、急いで脳神経外科などを受診しよう。

しゃっくりがなかなか止まらない

2日以上続く場合は、脳の病気が原因のことも！

しゃっくりが100回続けば死ぬ、と聞いたことはないだろうか。もちろん、これは俗説で科学的根拠は何もない。しかし、しゃっくりが長引いたら要注意、という意味の警句だとしたら、あながち間違っているとはいえない。

しゃっくりは胸と腹部の境目にある横隔膜が、何らかの刺激によってけいれんすることで起こる。横隔膜が思わぬ収縮をすることにより、のどの奥にある声門が突然キュッと閉じられて、「ヒック」という音が出る現象だ。

食べ過ぎや飲み過ぎ、炭酸飲料による刺激、ストレス、急激な温度変化など、しゃっくりの原因となる要素はさまざまだ。

止めるのに効果があるらしき方法としては、誰かに驚かせてもらう、息を止める、冷たい水を飲むといった方法が知られている。より効果が高いとされるのは、口の中に指を突っ込んで、舌をつまんで引っ張り出す方法だ。こうすると、のどにある神経が刺激されて、しゃっくりが治まりやすい。

ほとんどの場合、しゃっくりは短時間で治まるものだ。しかし、ときには数日間も長引くことがあり、こうした場合は軽く考えないほうがいいだろう。

しゃっくりが長時間治まらない場合、横隔膜からは遠く離れた脳の病気があるのかもしれない。脳卒中や脳腫瘍により、脳神経のひとつである迷走神経にトラブルが発生し、延髄《えんずい》の呼吸中枢を刺激してしゃっくりが起こることがあるからだ。

消化器系の病気では、逆流性食道炎になってもしゃっくりが続くことがある。胃酸が食道に逆流することによって、炎症を引き起こしてしまう病気だ。胸やけに悩まされて気づくことが多いが、げっぷやしゃっくりなども起こしやすい。ほかには、胃潰瘍や胃がんになっても、しつこいしゃっくりが出ることがある。

長引くしゃっくりには、意外にも怖い病気が潜んでいるかもしれない。2日以上治まらない場合は、内科や神経内科を受診するようにしよう。命にかかわる病気を早期のうちに発見できる可能性もある。

口内炎っぽいのができて、なかなか治らない

半月治らないなら、口腔がんの前兆の可能性が！

口内炎は不快なものだ。食事のときに染みるし、歯磨きをすると歯ブラシが当たって痛い。できた場所によっては、話すときに支障が出ることもある。とはいえ、多くの場合、そのうち自然に治るものだ。特に病院を受診するほどではない、と考える人がほとんどだろう。

しかし、ただの口内炎だと思われがちなもののなかには、重症化すると命の危険がある病気も紛れている。2週間以上たっても治らない場合は、一度、耳鼻咽喉科や頭頸部外科、歯科口腔外科を受診し、診察してもらったほうがいいだろう。

口内炎と間違われやすいのが、白板症《はくばんしょう》という口の中の粘膜にできる病気だ。じつは、これは口腔がんの前兆ともいえるもの。本来は良性なのだが、のちに10数%はがんに変わると推定されている。

食べ物や飲み物が染みたり、歯磨きのときに痛みを感じたりして、しかもなかなか治らない場合、鏡に向かって口の中をチェックしてみよう。該当する場所に、白っぽい斑点のようなものができていたら、この白板症が疑われる。頬の内側の粘膜のほか、舌の縁にもできることがある。

良性の白板症は通常、患部が盛り上がってはいない。触ってみて、盛り上がってでこぼこしており、ざらっとした固い感触がある。しかも、こすってみると出血する。こうした場合、がんに変化しつつある可能性が高いので、より注意が必要だ。

入れ歯が合わない、虫歯の治療跡の劣化といった機械的な刺激が口の中にあると、口腔がんのリスクが高くなるとされている。ほかには化学的な刺激やビタミンAの欠乏も原因にあげられる。

生活習慣でリスクが高まるのは、何といっても喫煙だ。タバコを吸っていると、吸わない人と比べて、口腔がんの発生率が約7倍もアップし、死亡率も約4倍高くなる。日常的に酒を大量に飲むことも、口の中の粘膜には良くない。最悪なのは酒を飲みながらタバコを吸うことで、一層リスクが高まるのでやめておこう。

ほくろができて、少しずつ大きくなっていく

メラノーマという皮膚がんの疑いもあり！

最近、ほくろが増えてきたような気がする。鏡を見てこう思うときがあるのは、別におかしなことではない。加齢による肌の老化などが原因で、シミと同じようにほくろが増える人も少なくないからだ。

特に、普段から露出することの多い顔や腕などには、紫外線の影響によってほくろができやすい。服を着たときにこすれやすい場所にも、その刺激で色素細胞のメラノサイトが増えて、新たなほくろができることがある。また、なかには生まれつきの体質で、ほくろのできやすい人もいる。

皮膚に黒っぽい斑点ができても、単なるほくろであれば何も問題はない。しかし、一見ほくろのようだが、じつはメラノーマと呼ばれる皮膚がんの一種、悪性黒色腫のこともある。

メラノーマがほくろと違う点

輪郭部分がギザギザ。

左右が非対称になっている。

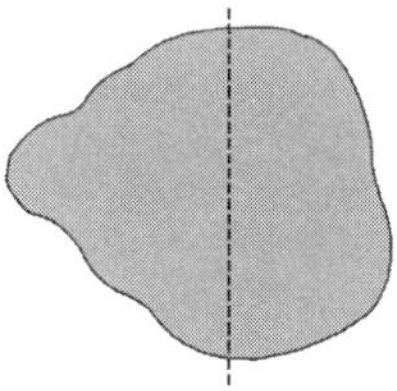

色にムラがある。

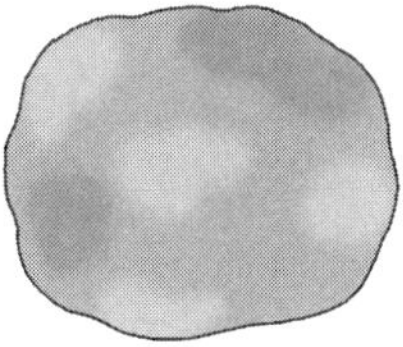

輪郭が不明瞭で、
色がにじんでいる。

大きさや色、形が変化する。

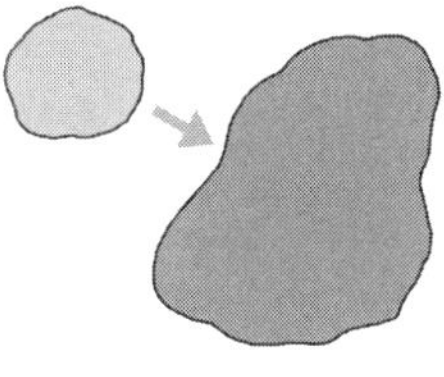

長径が6㎜以上ある。

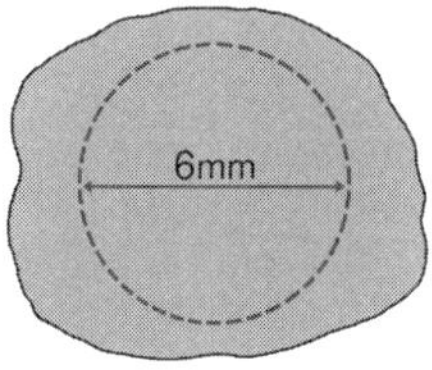

メラノーマはメラノサイトががん化してできる腫瘍。見た目が黒っぽいので、ただのほくろだと思う人も多いだろう。だが、そのまま放っておくと、がんは次第に進行していく。メラノーマの初期段階、あるいはその一歩手前の悪性黒色腫前駆症と呼ばれる時期に発見し、早期治療につなげることが大事なのだ。

メラノーマや前駆症でできる皮膚の変化は、よく見ればほくろとは違うところがある。ほくろらしきものができて、何となく気になる場合、次にあげる特徴に当てはまらないか観察しよう。

形…左右が対称でない。皮膚との境目がギザギザ。色がにじんでいる。

色…色が均一でなく、ムラがある。

大きさ…長径が６㎜以上とかなり大きい。

変化…だんだん大きくなる。または色や形などが変わっていく。

こうした特徴があれば、皮膚科を受診しよう。足の裏や手のひら、爪の下、胸や腹、背中などの体の中心部、手足のつけ根、高齢者の場合は顔などに発生しやすい。家族同士で年に１回、体全体をチェックするのもいいだろう。

年のせいか、腰や背中の痛みが長引く

血液がんの一種で、骨が侵されている疑いも！

年を取ると残念ながら、腰回りの筋肉や関節が衰え、柔軟性も失われていく。その結果、主に背骨の腰の部分を傷め、腰痛に悩まされるようになる。一般的な腰痛はこうして発生するケースが多いが、まったく違うメカニズムにより、がんが原因となる場合があることも知っておきたい。

腰痛を起こすのは、多発性骨髄腫という血液がんの仲間。細菌やウイルスを攻撃する白血球の一種、リンパ球からできる形質細胞ががん化したものだ。発症すると多くの場合、腰や背中の痛みを覚えるので、整形外科を受診し、内科を紹介されて気づくケースがよくある。たかが腰痛と甘く見ないで、早めに受診するのがおすすめだ。

健康診断を定期的に受けることも大切。血液検査で貧血などの異常が判明し、精密検査によって見つかることも多い。

最近、体のそこかしこがかゆい

原因がわからないのなら、肝臓病が原因かも

かゆみを引き起こす原因は数多い。まず考えられるのは湿度の低さや加齢、風呂の入り過ぎ、石けんの使い過ぎなどによる皮膚の乾燥によるものだ。じんましんや湿疹など、アレルギーによってかゆくなることも少なくない。

多くの場合、少々かゆくても問題ないのだが、なかには要注意のケースもある。じつは肝臓病になったとき、しばしば全身がかゆくなってしまうのだ。体内にあるかゆみを引き起こす物質と、かゆみを抑える物質のバランスが崩れるのが原因とされている。体の中にある物質によるものなので、皮膚の一部分ではなく、全身がかゆくなり、かいても治まらないのが特徴だ。

こうしたしつこいかゆみが生じたら、我慢しないで受診することをおすすめする。危険な肝臓病を早期のうちに発見できたらラッキーだ。

犯罪やトラブルの前兆

空き巣狙いなどが
前もってよく行う
犯行前の下見をキャッチ。
いじめや児童虐待の
サインにも早く気づこう。

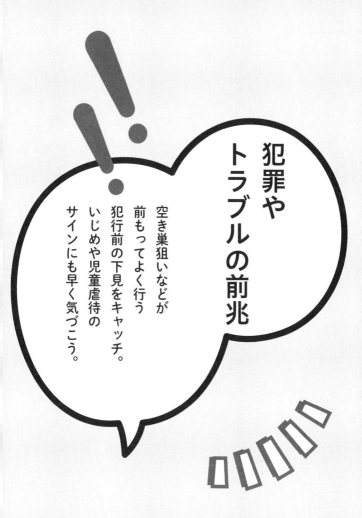

ドア周りに妙な文字やマークが書かれている

空き巣が下見をしたことを示す暗号かも！

ごく普通に暮らしている自分が、犯罪なんかにあうわけがない。圧倒的多数の人はこう思っているはずだが、本当にそうだろうか。

玄関のドアノブ周りや郵便受け、インターホン、表札、電気メーターなどをチェックしてみよう。マジックなどで、よくわからない文字や数字が目立たないように書かれている。あるいは、小さなシールが貼られていた。こうした不気味な印を見つけたら、知らないうちに、空き巣狙いにロックオンされている可能性がある。

空き巣狙いがいきなり犯行に及ぶケースはじつは少なく、半数以上が事前に下見をしている。空き巣の被疑者を対象にした調査によると、人通りや人目の少なさ、入りやすさと逃げやすさ、留守かどうかなどが下見でのチェックポイントだという。

こうした下見をした際、玄関周りなどに情報としてのメモを残しておく場合がある。

マーキングとされている例

M	W	S	F	学
男性（マン）	女性（ウーマン）	1人暮らし（シングル）	家族（ファミリー）	学生

赤	30	SS	9-20
赤ちゃんがいる	30代	土日休み（saturday、sunday）	9〜20時は留守

これが「玄関マーキング」「ドアマーキング」などといわれる暗号だ。一見、何を意味しているのかわからないが、見る人が見ればすぐにわかるのだとか。新聞の勧誘員がはじめたもので、のちに空き巣狙いや押し売り業者なども行うようになったようだ。

大手警備会社アルソックのホームページでは、インターネットで報告されている主なものを掲載している。例えば、「M」は男性で「W」は女性、「S」はシングル、「SS」は土日休みといった具合だ。怪しいマーキングを見つけたら、被害にあう前に、警察や管理会社に相談することをおすすめする。

近所で工事がないのに作業服姿の男を見かける

空き巣の下見は目立たない格好で行う

犯罪者といえば、いかにも悪そうな外見で、近寄りたくないと思わせるような雰囲気を漂わせている。こういったイメージがあるかもしれないが、空き巣狙いが下見をする場合、悪目立ちをするようなことは決してしない。

空き巣狙いが対象の家を物色するときは、あえて目立たない格好で行うといわれている。多いのは作業服姿の工事業者。この姿なら、はしごや脚立に乗って、高いところから家の中をのぞいても不審に思われにくい。

ごく普通のスーツ姿で、訪問販売員を装うのもよくあるケースだ。普段着姿の住民になりすまし、散歩やウォーキングをしながら行う下見もあるといわれる。家の近くで見かけない人に出会ったら、「こんにちは」「おつかれさまです」などと声をかけるようにしよう。顔を見られただけで、空き巣狙いは犯行をあきらめることが多い。

固定電話に非通知の電話がかけられていた

空き巣狙いが下調べでかけた可能性が！

空き巣狙いはその名の通り、空いている家に忍び込んでくる泥棒のことだ。人目につかない、入りやすくて逃げやすいといった家を見つけたら、いつ留守になるかを慎重に見定めようとする。そのためによく使われる手段が電話。狙った家の郵便物などから電話番号を入手し、固定電話に電話をかけるのだ。とくに同じ曜日の同じ時間帯に、非通知の電話が何度かかけられた場合、留守になる時間帯を空き巣が確認している可能性があるので要注意。着信履歴で確認しよう。

空き巣狙いに侵入を断念させるには、留守番電話にひと工夫。一般的な「ただいま留守にしております」という吹き込みはやめておいたほうがいい。わざわざ、いまは無防備だと空き巣に知らせるようなものだ。「手が離せませんので」といった言い回しで、じつは在宅であるという意味のメッセージを発信するのがいいだろう。

訪問販売員のような男がインターホンを鳴らす

必ず応答を。居留守を使うと鉢合わせる恐れが！

空き巣狙いが犯行に及ぶとき、いきなり家に侵入しようとすることは少ない。留守になる時間帯だと事前に確認していても、何らかの事情で、家の中に人がいることも考えられるからだ。

そこで、空き巣狙いはその家が留守かどうか確認するため、まずはインターホンを押すことが多い。何度か押しても応答がない場合、いまは留守だと判断して犯行に及ぶことになる。

空き巣狙いの予想に反して、住人が在宅でインターホンに応答があった場合はどうか。犯行に及ぶことはできなくなるが、とっさに訪問販売員などを装えば、疑われないでその場をやり過ごせるだろう。

ただ現実には、インターホンが鳴らされても、押しの強いセールスマンなら面倒だから……などと思って、居留守を使う人も少なくないのではないか。しかし、空き巣狙いの手口を考えると、インターホンには応対したほうがいい。声をあげて応え、中に住人がいることを伝えよう。

居留守を使うと、空き巣狙いが好機ととらえて侵入し、家の中で鉢合わせしてしまうかもしれない。こうなると、空き巣狙いのほうも大いに動揺する。そのまま逃げてくれればいいが、開き直った場合、空き巣狙いが居直り強盗に変身して、極めて危険な状況に陥ってしまう。

空き巣狙いの危険を遠ざけるには、インターホンをモニター付きにしておくのが効果的だ。犯罪を犯そうとする者は、顔を見られるのをとても嫌うので、狙われる確率がぐっと低くなる。インターホンに「撮影中」といった札を貼っておくと、空き巣よけに一層効果的だ。

なお、空き巣狙いがインターホンを押すのは、犯行直前の最終的な確認の段階。その前に、やや遠くから家を見て、住人の気配がないか探ることが多い。不審な人物を見かけたら、十分注意するようにしよう。

隣から毎日のように子どもの泣き声が

虐待かも。ためらわずに相談窓口に連絡を！

子どもの大きな泣き声が聞こえる。こうした場合、「もしかしたら、虐待？」と思う人は多いだろう。とはいえ、よその家のことでもあるし、これだけで児童相談所などに連絡するのもどうか……。こう考えて、連絡を躊躇《ちゅうちょ》する人が多いのではないか。

確かに、大きな泣き声が2～3回聞こえただけでは、虐待と決めつけるのは早いかもしれない。しかし、そういった状況が頻繁に起こったり、子どもに不自然な外傷がある、表情がない、ひどく不潔だ、とても落ち着きがない、食事に異常に執着する、といったことに気づいたのなら、迷わずに連絡するようにしよう。

親の態度や行動にも虐待のサインはある。周囲から孤立している、子どもを怒鳴りつける、子どもを置いたままよく外出する、子どものケガについて不自然な説明をする、などのことに気づいたら連絡を。通報者の個人情報は守られるから安心しよう。

子どもが発する虐待のサイン

- □ 表情が乏しい
- □ 触られること、近づくことをひどく嫌がる
- □ 乱暴な言葉づかい
- □ 極端に無口
- □ 家に帰りたがらない
- □ 性的に逸脱した言動
- □ 異常な食行動
- □ 衣服が汚れている

保護者からわかる虐待のサイン

- □ 感情や態度が変化しやすい
- □ イライラしている
- □ 余裕がないように見える
- □ 子どもへの近づき方、距離感が不自然
- □ 人前で子どもを厳しく叱る、叩く
- □ 家の様子が見えない

状況からわかる虐待のサイン

- □ 説明できない不自然なケガ、繰り返すケガ
- □ 親子でいるときは親をうかがう態度や表情が乏しいが、親がいなくなると急に表情が晴れやかになる
- □ その家庭に対する近隣からの苦情や悪いうわさが多い

文部科学省「学校・教育委員会等向け虐待対応の手引き」より

子どもの身の回りのものがなくなる

学校でいじめられているサインかも！

全国で約61万件にのぼり、前年度よりも約7万件増。２０１９年度に小・中・高校・特別支援学校で発生したいじめの件数だ。この数字のうち、小学校で起こったものが8割近くを占めている。

子どもがいじめられていることに、親は気づかないケースが多い。親に心配をかけたくないと、多くの子どもは我慢してしまうからだ。なかには、「弱い態度を見せるから良くない」「お前にも原因があるのでは」などと親から言われるのではないか、と不安になって、親には言えないと思う子どももいるだろう。

いじめられ、追いつめられている子どもは、多くの場合、何らかのサインを出している。親がわかりやすいのは、表情が暗い、朝起きるのが遅い、寝つきが悪い、会話が少なくなる、といった行動や態度の変化だ。

加えて、鉛筆がなくなる、ノートに落書きがある、服が汚れることが増えたといったように、身の回りや身につけたものに異変があることも少なくない。こうしたSOSのサインを見逃さず、早めにキャッチすることが大切だ。

こうしたサインに気づいたら、親は少なからず動揺するだろう。こんなに良い子がいじめられるなんて。親子関係は良いから、いじめられたら打ち明けてくれるはず。もしかしたら、うちの子にいじめられる原因があるのでは……。こういったさまざまな思いが浮かぶかもしれないが、決して問いつめたり、次から次に質問を浴びせたり、結論を急いだりしてはいけない。

子どもにかける言葉には十分注意が必要だ。そんなのは大したことではない。無視すればいい。いじめられるのは気持ちが弱いから。こういった言葉は、子どもを一層追いつめるのでタブーだ。

重要なのは、子どもの気持ちを受け入れてあげること。孤立して辛い思いをしている子どもに対して、親は何があっても味方で、最後まで守り抜き、絶対に助けることをしっかり伝えるようにしよう。

子どもが発するいじめのサイン

- □ 朝起きてくるのが遅い
- □ 食欲がない
- □ 黙って食べる
- □ 携帯電話やメールの着信音におびえる
- □ 遅刻が増えた
- □ 学校を休みたがる
- □ 勉強しなくなる
- □ 集中力がなくなる
- □ 寝つきが悪い
- □ 家での会話が少なくなる
- □ 学校のことを話さなくなる
- □ イライラすることが多くなる
- □ 教科書やノートに落書きがある
- □ 教科書やノートが破れている
- □ 鉛筆の本数が減った
- □ 学校で使うものが壊れた
- □ 服が汚れることが増えた
- □ 服が破れていることもある
- □ 家からお金を持ち出す
- □ あざや傷跡が増えた

文部科学省「いじめのサイン 発見ノート」より

買い替えや修理どきの前兆

電化製品やパソコンなどは、
いきなり故障することはない。
身の回りのモノや道具も
トラブルが起こる前に
何らかの前兆があるはずだ！

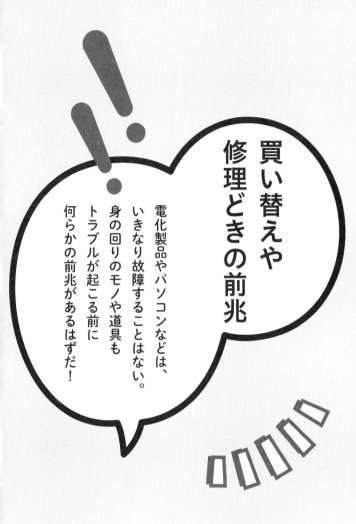

給湯器をつけると「ポン」と小さな爆発音が

不完全燃焼の証拠！一酸化炭素中毒の危険が

湯沸かしなどで活躍するガス給湯器。非常に便利な機器だが、使うときに妙な音がするのが気になる人はいないだろうか。

とはいえ、給湯器の内部にはファンヒーターやポンプといった部品が収められており、作動中に何らかの音はするものだ。正常に作動している際に出る音なら、特に気にすることはない。

ただし、給湯器が発する音のなかには、近い将来、本格的に故障することを示す前兆や、最悪の場合は命にかかわる危険なサインもある。放置していてはいけない異音について知っておこう。

まず注意したいのは点火時。「ボッ」という小さな音が聞こえる場合は、気にすることはない。給湯器内にはガスがたまっており、これが点火したときに発する音だ。

特に大きな音でない限り、通常の作動によるものだと考えていいだろう。

　しかし、点火時に「ボンッ」「ポンッ」といった聞き慣れない爆発音が発生した場合、放置していてはいけない。給湯器内部の部品が劣化したことなどによって、スムーズに点火できなくなり、爆発的な着火が起こったものだと考えよう。

　この音が聞こえたあと、ガス臭さを感じる、あるいは黒い煙が発生した場合はさらに危険で、不完全燃焼を起こしている可能性が高い。そのまま使用し続けると、命にかかわる一酸化炭素中毒になる恐れがある。すぐに使用をやめ、業者に連絡してチェックしてもらおう。

　給湯器から発生する音で、ほかにも要注意なものはいくつかある。空気とガスのバランスが崩れていたり、ファンヒーターに不都合が起きたりしたときに生じる「ピー」という笛のような音。排気口からゴミや虫が入り込んで起こる「ゴー」という吸排気音。循環パイプや熱交換器の異常が原因の「ポコンポコン」という音。配管内での急激な圧力の変化が生む「キーン」という金属音。こうした異音が聞こえた場合も、早めに業者に点検してもらうのが得策だ。

エアコンから「キュルキュル」と音がする

「ポコポコ」は問題ないが、要注意の異音がある

エアコンは室内の空気を吸い込み、風として送り出す電化製品だ。大きな室外機もついていることから、稼働させると何らかの音がするのは避けられない。しかし、ときには故障する前兆として異音を発する場合もある。

放置しないほうがいいのは、金属がこすれるような「キュルキュル」という音が出るとき。この異音が発生する場合、ファンヒーターに不都合が生じ、何かに当たってこすれている可能性がある。修理が必要なケースもあるので、一層強くこすれるような音になったら業者に点検を依頼しよう。

また、木魚《もくぎょ》を叩くような「ポコポコ」という音がすることもあるが、この場合は問題ない。室内外の気圧の差によって、ホースの中に空気が逆流して発生する音だ。窓や換気口を開けて気圧差をなくせば、解消できることが多い。

エアコンからこんな音が聞こえたら

キュルキュル

ファンヒーターなどの動作部分が何かに当たっている可能性が。ひどくなったら点検の依頼を。

ポコポコ

ホースに空気が逆流した可能性が大。修理の必要はなく、窓や換気口を開けて様子を見る。

カタカタ、ガタガタ

フィルター自動お掃除機能付きの機種で、フィルターやダスクボックスが正しく取り付けられていない場合、この音がする。正しく取り付けを。

サー、ザー

風の通りが悪くなったときに出る音。フィルターの汚れや目詰まりの解消を。

ビシッ、バキッ

運転開始や停止の際、温度変化で樹脂部分が伸び縮みしたことによる。問題ない。

DAIKINのホームページより

電子レンジで温めムラが多くなってきた

マイクロ波を出す真空管が劣化してきたサイン

いまや調理機器として、炊飯器よりも普及率が高い電子レンジ。とても便利で、使用する頻度は非常に高い。あまり故障はしないものの、使ううちに部品が少しずつ劣化し、やがて寿命が来て使えなくなってしまう。

寿命の前兆を考える前に、電子レンジの温める仕組みを見てみよう。電子レンジのスイッチを入れると、1秒間に24億5千万回も振動するマイクロ波（電磁波の一種）が発生。食品中の水分子などが激しく振動し、その摩擦熱によって温まるという仕組みになっている。

このマイクロ波を発生させるのが、マグネトロンという真空管だ。これが電子レンジの中枢機能で、劣化して機能が低下すると、電子レンジで最も重要な「チンする」機能が失われることになる。マグネトロンの寿命は約2000時間。毎日30分使った場合、約11年で機能が失われ、その電子レンジは使えなくなってしまう。

マグネトロンが劣化すると、温めムラができたり、加熱に時間がかかったりするようになる。まだ完全な故障にはいたっていなくても、こうした症状が表れるようになったら、そろそろ買い替えを考えたほうがいいだろう。使うたびに以前よりも長い時間、温めなければならなくなると、電気代が無駄にかかる。

1日に使う時間が短ければ、その分、マグネトロンの寿命は長くなるのではないか、と考える人もいるだろう。確かに、マグネトロン自体の機能は長く保たれるだろうが、電子レンジの寿命が長くなるかどうかはわからない。ほかの部品が劣化して故障することもあるからだ。

例えば、電子回路にトラブルが起こると、操作ボタンを押しても作動しなくなる。レンジ内の金属板が劣化した場合は、火花のようなスパークが発生することが少なくない。冷却ファンの機能が低下すると、異音を発することもある。

こういった場合も、近々、本格的に故障する可能性が高い。これらの前兆を見つけたときも、買い替えを考えるようにしよう。

テレビの電源が入らないときがある

そろそろ本格的に故障するという前兆

最近、機能が著しく進化しているテレビ。最新型に興味はひかれる一方、いまあるテレビをできるだけ長く使いたいのは当然だろう。

液晶テレビの寿命は10年、あるいは8年程度ともいわれるが、内蔵バックライトの劣化などからいえば、ベストの画質を保てるのは5～6年だと考えよう。その寿命が近づいてくると、電源を入れても、画面が明るくなるまでに少々時間がかかるようになる。スイッチをオンにしても、1回で電源が入らなくなればより深刻だ。電源の基盤や回路などにトラブルが生じた可能性がある。

画面が以前よりも暗くなったり、色がやや変わったりしたときも要注意。電源を入れ直したら改善することもあるが、たびたび異常が生じるようなら寿命が近い。いずれの場合も、修理するのは高くつく。買い替えどきと思うようにしよう。

洗濯機で洗って脱水したのに濡れている

洗濯槽の回転力が落ちてきた可能性が大

洗濯機を購入してそれなりの年数がたつ場合、故障の前兆にしっかり目を光らせよう。気になるのは、使用中にいつもと違う音がする場合。特に問題のないケースも多いが、「キュルキュル」という異音には要注意だ。内部のベルトが劣化し、相当すり減っていることを意味する。ベルトの機能が低下すると、洗濯槽の回転力が落ちて、脱水しても洗濯物がまだ濡れていることが多い。ベルトの交換は素人では難しいので、異変に気づいたら早く業者に相談するようにしよう。

焦げているような臭いや、強いカビ臭さがする場合も、寿命が近づいているのかもしれない。部品の劣化が考えられるので、この場合も早めに対処しよう。

メーカーが修理用の部品を保有しているのは6年程度。この期間を過ぎてから故障した場合、修理が難しく、買い替えざるを得なくなる可能性がある。

冷凍庫のアイスの表面が溶けかかっている

寿命目前！ 食品が全部ダメになる前に買い替えを

冷蔵庫がいきなり故障して、使えなくなったら大変だ。大量の食品を廃棄しなくて済むように、大きなトラブルが起こるサインをキャッチしよう。

冷蔵庫が故障寸前になると、まず温度が下がりにくくなる。特に冷凍庫の温度変化がわかりやすい。アイスを取り出したら表面が少し溶けていた、といった以前にはなかった不調が見られたら要注意だ。扉のジュースが冷えていないなど、庫内の前後・左右で冷え方が違う場合も寿命が近づいている。水漏れもチェックしよう。何度拭いても床に漏れるようなら、水をためておくところが劣化している可能性がある。

冷蔵庫は故障が少なく、10年程度は使えるとされるが、やはり年数がたつほどに劣化する。保証期間が過ぎてから、ここで紹介したような前兆が表れたら、修理するよりも買い替えるほうが現実的だ。

パソコンがたびたび固まるようになった

HDDが故障する寸前！ すぐにでもデータ保全を

パソコンの寿命はおよそ5年が目安。心臓部であるCPUは大丈夫でも、HDD（ハードディスクドライブ）が物理的に劣化し、不都合が起こりやすくなる。実際には使用状況によって寿命は変わるが、やがて使えなくなるのは間違いない。データを消失して泣く前に、故障の前兆をキャッチして、壊れる前に買い替えることが大切だ。

故障が近くなったことを示す、最もわかりやすい現象がフリーズ。内部温度の上昇による熱暴走のトラブルがなく、メモリ不足でもない場合は、HDDの状態が悪くなった可能性が極めて高い。データのバックアップを必ずしておき、できるだけ早めに買い替えるのが無難だ。

起動時に妙な音がする、ハードディスクを認識しない、たびたびブルースクリーンになるといった場合も、そろそろ寿命が近いと考えよう。

歯ブラシの毛先が少しだけ開いてきた

わずかな開きでも、汚れを落とす働きは低下！

虫歯や歯周病予防に欠かせないアイテムの歯ブラシ。毎日使っているうちに、毛先が少しずつ開いてくるのは避けられない。では、どういったタイミングで新しいものに交換するのがいいのだろうか。

毛先が大分広がってから交換する人もいそうだが、長年、その習慣を続けていると、虫歯や歯周病になりやすい。大手生活用品メーカーのライオンの調査によると、新しい歯ブラシの歯垢除去率を100とした場合、毛先が少し開いただけでも除去率は約2割ダウン。もっと開いてしまうと、約4割も低下することがわかっている。

歯の汚れを取り除くことができるのは、毛先が歯の表面にしっかり当たってこそ。毛先の弾力がなくなり、毛がカーブを描いて外に広がると、汚れ落としの力は大幅に低下してしまう。

毛先と歯垢除去率の関係

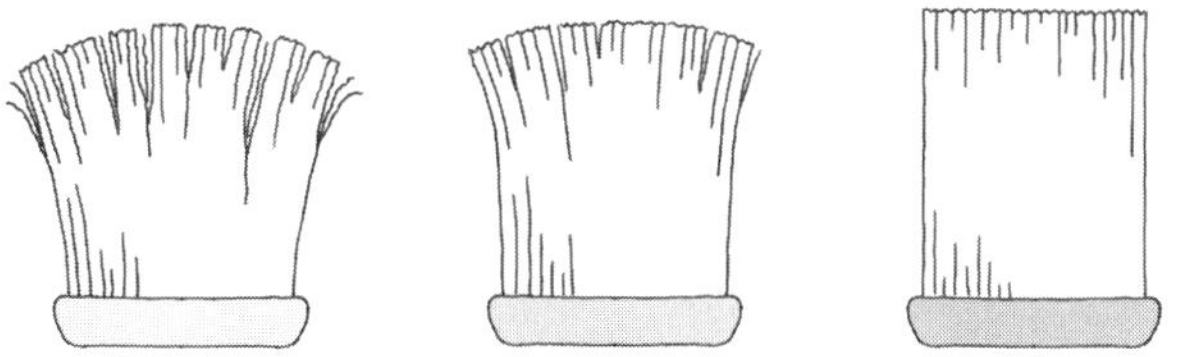

毛先の開いた歯ブラシ	毛先が少し開いた歯ブラシ	新しい歯ブラシ
62.9%	**80.8%**	**100%**

（公財）ライオン歯科衛生研究所、日本小児歯科学会報告会（1985）より

交換時期が遅れると、根元の植毛部分にも問題が生じる。使用後に流水で洗っても、わずかな汚れが残って、菌が繁殖するようになるのだ。こうした汚れた歯ブラシで歯磨きをするのは、菌を口の中になすりつけるようなものともいえる。

ライオンの調査によると、1本の歯ブラシを使い続ける期間は平均2か月。しかし、ここまで使うと相当劣化する。毛先の広がりと植毛部分の汚れを解消するため、1か月を目安に取り換えるのがおすすめだ。まだ1か月たっていなくても、歯ブラシの反対側から見て、毛先がはみ出していたら交換のサイン。早く取り換えるようにしよう。

羽毛布団に小さな穴があいているのを見つけた

吹き出た羽毛を吸い込み、肺炎や喘息の恐れが！

羽毛布団の寿命は長く、10年から15年程度は使えるといわれる。意外に長持ちするものなので、温かさを持続し、ぺちゃんこになっていないのなら、小さな穴があいても気にしない。こう考えて使い続けていると、やがて体調を崩すことになりかねないので注意が必要だ。

羽毛布団の羽毛は、側生地から出てこないように、熱と圧力をかけた特殊な加工がされている。しかし、穴があいてしまえば、外にはみ出るのを抑え切ることはできない。羽毛布団にあいた穴は、小さいものでも放置するのはNG。細かい羽毛が出てきて、寝ている間に吸い込むことにより、鳥関連過敏性肺炎（鳥アレルギー）や喘息を引き起こす可能性がある。ただちに補修シートを貼って穴をふさぎ、羽毛がはみ出てこないようにしよう。

タオルに黒くて小さなポツポツがある

それはカビ！　衛生上、もう使わないほうがいい

タオルは30回以上洗濯をすると、繊維が傷んで吸水力が落ち、優しい肌触りも失うといわれている。とはいっても、通常は数枚を使い回しにしているだろうから、どのタオルを何回洗濯したのかなどわからない。交換時期は見た目や肌触りで判断するのが現実的だ。

健康面から考えて捨てるべきなのは、タオル全体に黒い小さなポツポツが発生したときだ。じつは、これらはカビ。こうしたタオルで顔や手を拭くと、カビの胞子を肌になすりつけることになる。タオルのカビは肌荒れや吹き出物の原因になるという説もあるので、ポツポツを見つけたらもう使わないようにしよう。

いくら洗濯しても、臭い匂いが取れないときも要注意。繊維の中に雑菌が入り込み、繁殖していることを示すので、健康上、使うのは好ましくない。

箸の先端の塗りが少しはげてしまった

素地がむき出しで衛生的でない！　早く買い替えを

毎日の食事で使う箸。折れるまでは使えるからと、劣化の度合いについては気にしない人もいるだろう。しかし、箸にも当然、買い替えどきはある。日ごろ使っているその箸は、もう随分前から、寿命が近いというサインを発しているかもしれない。

箸の寿命は1年ほどだといわれている。この程度使い続けても折れることはほとんどないが、毎日何度も使ったり、洗って手入れをしたりしているうちに、箸先の塗りがはげてしまうのだ。

箸は日常的に熱や水分、油分などにさらされ、使うたびに何かに触れる。素地がむき出しになっていたら、すぐに傷んでしまうだろう。そこで、人体に害のない液体を表面に塗って、傷みやすい素地をガードした造りになっている。

この塗りがはげたら、素地がさまざまな衝撃をそのまま受けてしまう。当然、傷みやすくなり、水分が染み込んで衛生的でもなくなる。やがて黒ずみが発生し、そのなかには無数の細菌がひしめいているはずだ。

箸は口に直接運ぶもの。衛生面で信用できなくなれば、使わないほうがいいのは当然だろう。使っている箸の先端部分をチェックし、塗りが剥げていたら早めに買い替えるようにしよう。

箸先の塗りが薄くなった場合、独特の手入れによって長持ちさせることもできる。少量のオリーブオイルをキッチンペーパーなどに含ませ、箸先の表面に塗り込んで、油の層でコーティングする方法だ。こうすれば素地がある程度守られるので、塗りがはげるのを遅らせることができる。

箸が長持ちするかどうかは、日ごろの手入れの仕方で随分変わってくる。食事で使ったあと、水にひと晩浸けておく人もいるだろうが、この方法はNGだ。素地が水を吸い込んで膨張し、塗りを傷めることにより、寿命が短くなってしまう。食器洗い機も使わないほうがいい。高温にさらされるうえに衝撃も受けるので、洗うたびに大きなダメージを受けてしまう。

ベッドマットレスがきしんでうるさい

買い替えないと疲れが取れず、腰痛や肩こりの原因に！

最近、どうも睡眠の質が悪いようで疲れが取れない。腰痛や肩こりもするようになって、体の節々が痛いこともある……。こういった体の不調を感じる人は、じつはベッドが寿命を迎えているのかもしれない。

ベッドにも寿命があると聞くと、驚く人もいるのではないか。サイズが大きいこともあって買い替えの手間は大変だが、健康にかかわってくることなので、しっかり頭に入れておくようにしよう。

品質の良し悪しやメーカーの違いにもよるが、短ければ5年、長くもっても10年余りで、マットレスが寿命を迎えるとされている。劣化してきたサインとして、最もわかりやすいのは「きしみ」だ。スプリングが長年使用され、弱って緩んできたことなどから、きしみ音が聞こえるようになる。

ベッドがきしむようになったころには、マットレスの中央部分がへこんでいたり、でこぼこがあったりすることが多い。特に体重がかかってへこみやすいのは、腰と尻が当たるところ。これらの部分がへこむと、体は腰と尻が落ち込んだ「く」の字型に折れ曲がってしまう。こうした姿勢で眠ると、長時間、体のあちこちに負荷がかかるので、やがてしつこい腰痛や肩こり、頭痛などに悩まされてしまうのだ。

ベッドのきしみに気づいたら、マットレスをチェックしてみよう。中央部分にへこみなどがあれば、マットレスが寿命を迎えており、買い替えを考えるべき時期に来ていることになる。

ベッドに横になったとき、背中にスプリングの感触がある場合も要注意。マットに使われているウレタンなどが劣化し、へたってきた証拠なので、使い続けるのはおすすめできない。寝心地が悪くて、睡眠の質が下がりやすいのはもちろん、マットの劣化がさらに進めば、スプリングが表面に突き出てくることさえある。

対症療法として、ベッドパッドを敷く手もあるが、根本的な解決策にはならない。早めに買い替えを検討するようにしよう。

ヒールの高い靴で歩くと、カンカン音がする

先端のゴムがすり減った証拠。体に負担がかかる！

ピンヒールの靴を履き、颯爽と歩くのは女性の憧れ。しかし、ヒールからカン、カン、カン……と、妙に甲高い金属音がするのなら問題だ。

歩くときに金属音がするのは、ヒールの先端を保護するトップリフトというゴムの部分がすり減り、内部に収められている金具がむき出しになっているからだ。こうした状態のまま履き続けていると、トップリフトはさらにすり減り、ヒールの本体まで削れてしまうこともある。

歩くときの音を小さくしようとすると、せっかくヒールのある靴を履いているのに、カッコ悪い前かがみの猫背になりがちだ。アンバランスな姿勢なので、階段や段差などでつまずきやすく、普段とは違う筋肉を使って体に無駄な負担もかかる。無理して履き続けず、早めに靴店に行って、メンテナンスをしてもらうようにしよう。

危険な病気の前兆

足首が太い、のどが渇く、ひどく眠い、よくつまずく、お菓子ばかりを食べる。こうした何でもないことが、危険な病気の前触れだ！

足首が妙に太いのに気づいた

悪玉コレステロールが増える遺伝性の病気かも

健康診断の数値のなかで、γ-GTPや中性脂肪などと並び、最も気になるもののひとつがコレステロール値だろう。去年よりもLDL（悪玉）コレステロール値が下がった、あるいはちょっと悪くなった……などと一喜一憂する人は多そうだ。

コレステロールの数値は、食生活などの生活習慣と大きく関係することがわかっている。しかし、なかには生活習慣とはあまり関連性がなく、LDLコレステロールが多くなる病気もある。家族性高コレステロール血症という病気だ。

コレステロールはとかく悪者扱いされるが、体になくてはならない働きを持っている。細胞膜やホルモン、消化液の胆汁酸の原料となるものなのだ。食べたものから取り入れるほか、主に肝臓で生成され、血液に乗って体中に運ばれていく。

こうした全身に行きわたるタイプのコレステロールをLDLコレステロールという。

コレステロールは脂質なので、血液中に増え過ぎると動脈硬化の原因となる。このため、LDLコレステロールは「悪玉」と呼ばれている。

一方、血液中での増え過ぎを防ぐために、全身から肝臓に回収されるタイプがHDLコレステロール。いわゆる「善玉」とされるコレステロールだ。

家族性高コレステロール血症は、LDLコレステロールを分解する遺伝子に異常がある遺伝性の病気だ。両親の片方から異常な遺伝子を受け継ぐ人は、日本人の200～500人に1人と推定されている。こうした人は次第に血液中のLDLコレステロールが増えて、若い年齢で動脈硬化が進み、心筋梗塞や脳梗塞を起こす可能性がある。

若いうちは健康診断と無縁な人が多いので、コレステロールが多いかどうかわかりにくい。そこで、家族に高コレステロール血症や心筋梗塞になった人がいる場合、アキレス腱をチェックしてみよう。遺伝子を受け継いで発症していれば、コレステロールがアキレス腱のあたりに沈着し、ふくらんで厚くなっていることが多い。こうした場合、早めに受診することが大切だ。いまはコレステロールを下げる効果の高い薬があるので、心筋梗塞などのリスクを十分低下させることができる。

最近、やたらとのどが渇く

尿も近くなったのなら糖尿病の可能性が

最近、尿がひどく近くなった。のどが渇くのも早くなり、水を飲んでも、すぐにまた飲みたくなる。こうした症状に気づけば、糖尿病の可能性が高くなる。加えて、ダイエットをしているわけでもないのに体重が減ってきた。それに、何となくだるい、となれば疑いは一層強くなる。早く医療機関を受診して相談しよう。

糖尿病は血糖値と強く関連している病気だ。ご飯やパン、麺類などの糖質を食べると、腸で分解されてブドウ糖に変化する。ブドウ糖は血液によって運ばれ、細胞のエネルギー源として使われる。

血液中のブドウ糖を細胞に取り込むには、すい臓から分泌されるインスリンというホルモンの助けが必要だ。食後、血糖値はいったん緩やかに上昇するものの、インスリンの働きによって、2時間ほどたつともともとの状態に戻る。

しかし、食べ過ぎや飲み過ぎといった不摂生、運動不足、ストレスなどによってすい臓の働きが弱まったり、インスリンが効きにくくなったりした場合、血糖値はなかなか下がらない。このため、慢性的に血糖値が高い状態が続くことになる。これが糖尿病だ。進行すると血液中のブドウ糖が血管を傷つけ、心臓病や視力の低下、失明、腎臓の機能低下などの危険な合併症を引き起こしてしまう。

厄介なことに、糖尿病は初期段階ではほとんど症状が表れない。割合早い段階から自覚でき、わかりやすい症状のひとつがのどの渇きと頻尿だ。

糖尿病を発症すると、インスリンの働きが低下し、血液中にブドウ糖が多くなる。この状態はリスクが高いので、尿といっしょにブドウ糖を排せつしようとして、トイレに行く回数がとても多くなるのだ。

たびたびの排尿によって、水分はどんどん失われていくため、当然、のどがひどく渇く。そこで、水をやたらと飲むことになるわけだ。

頻尿とそれに伴うのどの渇きは、糖尿病になって早めに表れる症状の代表。自覚した場合は、放置しないようにしよう。

食べたあと、ひどく眠くなってしまう

糖尿病の前兆のインスリン過剰分泌でそうなる

食事のあとは誰でも眠くなることがある。全身の血液が消化器官に集まり、脳の血液量が不足してしまうのが大きな原因だ。しかし、以前よりもひどい眠気に襲われるようになった場合は注意しよう。

食後にひどく眠くなるのは、すい臓がうまく働かず、インスリンが正常に分泌されていないのかもしれない。こうした場合、食後に血糖値が急上昇することがある。この状態はリスクがあるので、血液中のブドウ糖を細胞に取り込まなければと、インスリンが過剰に分泌されて、今度は血糖値が急降下する。この「血糖値スパイク」と呼ばれる血糖値の乱高下により、ひどい眠気やだるさを感じることがあるのだ。

食後の血糖値スパイクが続くと、3年以内に3人に1人が糖尿病になる可能性があるともいう。一度受診して、食後の血糖値を測定してみることをおすすめする。

高齢の親がタンのからんだせきをする

自分では気づかない「かくれ脱水」の疑いあり

入ってくる水分よりも、出ていく水分のほうが多くなって起こる脱水。まだ重症化はしていないが、本人も周りも気がつかないうちに水分が不足している状態を「かくれ脱水」という。この段階で発見して、大事にいたらないようにしたいものだ。

かくれ脱水が起こりやすいのは高齢者。年を取ると、水分を蓄えられる筋肉が減って、そもそも体内の水分量が低下する。感覚機能も衰えるので、のどが渇いてきたことにも気づきにくい。認知症になっている場合はこの傾向が一層強く、体の水分が相当減っているのに何も飲まない、ということさえあり得る。

老化によって、内臓の機能が低下していることも、かくれ脱水になりやすい原因だ。特に水分コントロールに強く関係している腎臓の働きが衰えると、水分が不足しがちになってしまう。

水分が減りがちな持病がある場合も要注意だ。例えば糖尿病の場合、血液中のブドウ糖を排せつしようとして大量の尿が出るので、ただでさえ水分不足になりやすい。血圧を下げる薬を服用している場合も気をつけなければならない。薬に利尿作用があるので、飲み物などで意識して補給しないと、水分が不足しやすくなる。

特に暑い時期、高齢者が自分では気づかないうちに脱水状態に陥らないように、周りの人はよく観察しよう。早く気づくポイントのひとつは、タンがからんだようなせき。水分不足になって口の中が渇くことから、普段とは違うこうしたせきをするようになる。おかしいなと思ったら、脇の下を触ってみよう。脱水状態になっていれば、本来なら湿っているはずの脇の下が乾いていることが多い。

手の甲をつまむ方法も早期発見に効果的だ。体に水分が正常にあればすぐにもとの状態に戻るが、脱水状態になっていると、ハンカチをつまみ上げたときのようになかなか戻らない。これを「ハンカチーフサイン」という。

こうした場合、すぐに水分を十分補給することが大切だ。経口補水液なら、より効果が高い。水1ℓに食塩3g、砂糖20～40gを溶かして作ることもできる。

「かくれ脱水」早期発見のポイント

①

タンがからんだ
せきをする

②

暑いのに脇の下に
汗をかいていない

③

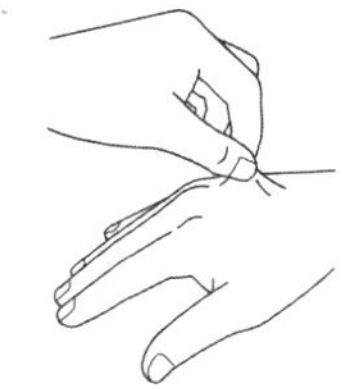

手の甲をつまむと、
なかなかもとに
戻らない

④

爪を指で押すと、
白くなって
なかなかもとに
戻らない

⑤

水分不足で、
唇がカサカサしている

⑥

何となく
ぼ～としている

⑦

手足の先が
冷たくなっている

いびきが大きいと家族にいわれる

無呼吸になる前兆なら、寿命が縮む恐れあり！

自分ではよくわからない一方、隣で横になっている人は嫌でも気づくのがいびき。疲れたときや酒を飲み過ぎた夜にかく程度なら、何も問題はない。しかし、眠れば必ずいびきをかく場合、何らかの病気が原因のことも多い。なかでも多く見られる病気で、重症化すると危険なのが睡眠時無呼吸症候群だ。

無呼吸とは、呼吸が10秒以上ストップしていることをいう。また、吸うときの空気の量が通常の50％以上減少する状態は低呼吸と呼ばれる。眠っている間、こうした無呼吸と低呼吸を何度も繰り返し、1時間のうちに無呼吸が5回以上ある場合、睡眠時無呼吸症候群の疑いが強くなる。

よく発症するのは男性で、女性よりも2～3倍多い。日本人の中年男性の場合、1時間のうちに無呼吸・低呼吸が5回以上表れる人が24％、15回以上が6％、30回以上は2％という研究がある。

睡眠時無呼吸症候群になると、睡眠の質が悪くなり、昼間、ひどく眠くなって集中力が低下する。それだけではなく、睡眠中に低酸素状態になることから、心臓に大きな負担がかかり、高血圧や脳卒中、心筋梗塞などにもつながりやすい。最悪の場合、睡眠中の突然死を引き起こすこともある危険な病気なのだ。

眠っているときに起こる現象なので、睡眠時無呼吸症候群には自覚症状がない。早期発見するためには、同じ部屋で寝ている家族の協力が必要だ。そのサインになるのが、無呼吸を起こす前兆となることの多いいびき。習慣的にいびきをかく場合は、本人に指摘して受診を促すようにしよう。

呼吸の仕方をよく観察していると、いびきのあとで呼吸が止まるのがはっきりわかることもある。この場合は危険性が高いので、さらに強くすすめよう。

治療で最も高い効果があるのは、圧力をかけた空気を鼻マスクから送り込むＣＰＡＰ療法。ほかにマウスピースによる治療も多く行われる。また、のどの周りに皮下脂肪が多いことも原因になるので、肥満の場合は減量することも大切だ。

段差のないところでよくつまずく

老化による筋力低下でなければ、初期の脳梗塞かも

年を取ったら、敷居などのちょっとした段差でつまずきやすくなる。これは太ももやふくらはぎなどの筋肉が衰え、自分がイメージするほど足先が上がらなくなってしまうのが大きな原因だ。

しかし、最近になって急につまずきやすくなった場合、その裏に怖い病気が隠されているケースも考えられる。なかでも危険な病気が脳梗塞だ。脳の血管に障害が出はじめ、血流が滞るようになると、運動能力に支障が出て、つまずいたり転びやすくなったりすることがある。小さな脳梗塞が起こっている可能性があるので、早く専門医の診察を受けたほうがいい。

ほかに、加齢によって股関節の軟骨がすり減る変形性股関節症や外反母趾《がいはんぼし》などになった場合も、下半身のバランスを取りにくくなってつまずきやすくなる。

ストーブをつけた部屋にいたら頭痛が

一酸化炭素中毒が悪化する寸前！　すぐに換気を

冬の暖房はエアコンよりも、熱を直接感じられるストーブのほうが好き。こういった人は少なくないだろうが、使い方には注意が必要だ。

ストーブ使用時に換気が必要なのは常識だが、そのたびに温度が下がるので怠ってしまいがち。締め切った部屋でストーブを使い続けると、室内の空気の酸素濃度が低下し、不完全燃焼を起こして一酸化炭素が発生する。厄介なことに一酸化炭素は無味無臭なので、発生してもまったく気がつかない。最もいけないのはストーブをつけた部屋で寝てしまうことで、自殺行為のようなものだ。

ストーブを使っている場合、ほんの少しでも頭痛や不快感があったら、急いで換気しなければならない。この症状が中毒になる前兆なのだ。その後、むかつきや嘔吐が起こり、重症化すると意識不明になって、最悪の場合は命を落としてしまう。

過食に走り、特に甘いお菓子をやたらと食べる

その奇妙な食べ方はうつ病の可能性あり

気分がひどく落ち込み、楽しみや喜びを感じることがなく、ふさぎ込んでしまう。食欲がまったくなく、無理に食べても砂を噛むような味しかしない。ささいなことで自分を責め、価値がない人間だと思い込む……。

こういった状態が2週間以上続き、日常生活に支障をきたしているのなら、うつ病になった可能性がある。ほかにも、よく眠れない、食欲もない、腰痛や肩こりがあり体の節々が痛む、嫌な汗が出る、息苦しい、酒を飲む量が増えた、思考力や集中力が低下して仕事のミスが増えてきた、といった症状が出ることが多い。

ただし、こうした状態になるのは、「メランコリー」という代表的なうつ病になった場合だ。うつ病と聞いて、誰もが頭に思い浮かべるのはこのタイプだろう。しかし、うつ病にはほかにもいくつかのタイプがあり、一般的なイメージとはやや違う「非定

型」と呼ばれるものもある。自分や身近な人が発症したときに早期発見するため、どういった特徴があるのか知っておこう。

非定型うつ病は「お天気うつ病」ともいわれ、気分の浮き沈みが激しいのが大きな特徴だ。一般的なうつ病とは違って、気分が沈み込んでいても、何か楽しいことが起これば、たちまち元気になってうつ状態から脱する。とはいえ、気分が良い時間は長く続かず、再びひどく落ち込んでふさぎ込む状態に逆戻りしてしまう。

食欲に関しても、メランコリーとは随分違っており、逆にいつもよりもよく食べて、過食に走ることも多い。特に甘いものを食べたくなるのが特徴で、お菓子類を食べ過ぎて体重が増えることもある。ほかにも、睡眠不足にはならず、逆によく寝過ぎるようになる、睡眠のリズムが乱れて昼夜が逆転する、朝方ではなく夕方から夜に気分が一層悪くなる、といったメランコリーとは違う特徴がある。

問題なのは、こういった症状が表れても、うつ病とは思われにくいことだ。このため、早期発見ができずに悪化させ、治療が長引いてしまうケースが少なくない。兆しに早く気づいて、心療内科か精神科でカウンセリングを受けるようにしよう。

「非定型うつ病」と「メランコリーうつ病」の違い

	非定型うつ病	メランコリーうつ病
抑うつ気分	良いこと、楽しいことがあると気分が良くなる	1日中気分が悪く、何か良いことがあっても改善しない
落ち込む時間帯	夕方から夜にかけて悪化する	朝方に悪化する
睡眠	睡眠時間が長くなる。昼夜逆転することも	眠りにつきにくく、眠っても何度も起きる
食欲	過食になる。満腹になっても、特に甘いものを食べたくなる	食欲が低下する
体重	増加する	減少する
罪悪感	他人の言動に過剰に反応して責める	自分が悪いと責める
意欲	自分が好きなことにはやる気が出る	ほとんどすべてのことに意欲が湧かない
疲労感	ひどく疲れ、手足が鉛のように感じることもある	全身に倦怠感がある
精神面	イライラし、衝動的な行動に出る	集中力や思考力が低下する

腰痛が長引いて、なかなか治らない

うつ病や強いストレスで痛みを感じることも

腰痛といえば、腰のねんざともいえるぎっくり腰か、神経が圧迫されるヘルニアを思い浮かべる人が多いだろう。しかし、なかには原因不明のものも多く見られる。最近の研究で、うつ病や強い精神的なストレスによって、そういった腰痛がよく起こることがわかってきた。

うつ病になったり、強いストレスを持続的に受けたりすると、自律神経や内分泌系の働きが悪くなってしまう。その結果、痛みをブロックするための防御システムが乱れ、原因不明の腰痛が発症すると考えられている。

痛みは腰痛として表れることが多いようだが、頭痛や肩こりといった形で起こる場合もある。こうした体の不調を感じたとき、原因が思い当たらず、気分が落ち込むことが多いのなら、疲れた心をメンテナンスすることを考えよう。

最近、妙に音に敏感になった

統合失調症の最初の段階。ここで気づけば軽症に

窓の外から聞こえてくる子どもたちの甲高い声が気に障《さわ》る。上の階の人が歩くときのかすかな音がたまらない。自転車で「リン、リン」とベルを鳴らされて、飛び上がるほど驚いた……。最近、ひどく音に敏感になった、あるいは家族がそうなったことを感じたら、統合失調症ではないかと疑ってみよう。

まさか自分が、家族が、心の病気の統合失調症になるなんて？　こう思うかもしれないが、じつは決して珍しい病気ではない。１００人に１人がかかるともいわれており、なかでも若い世代に多く、思春期から30代までに発症しやすい。原因ははっきりわかってはいないが、神経伝達物質であるドーパミンの分泌過剰や低下が関係しているのではないかといわれている。

統合失調症は複雑な病気で、さまざまな症状が表れ、進行の仕方も完全に同じでは

ない。とはいえ、一般的には「前兆期」「急性期」「休息期（消耗期）」「回復期」の4つのステージに分けられる。

前兆期は発症の前兆ともいえる時期。音や光に敏感になる、眠れない、なぜだか焦りの気持ちが強くなる、気分の移り変わりが激しい、といったことが表れる。まだ、何となく変……という程度の段階だ。

次の急性期は、統合失調症特有の幻覚や妄想を体験する嵐のような時期だ。不安や緊張感が急に強まり、混乱して周りとコミュニケーションが取りにくくなる。休息期に移ると、幻覚や妄想は少なくなるが、激しい急性期で心を消耗したことによって、やる気や元気がなくなってしまう。最後の回復期で、ようやく徐々に心に力が湧いてきて、やっと無気力な状態から抜け出ることができる。

本人は幻覚や妄想を「現実」に起こっていることだと思っているので、自分が病気だという認識はない。周りがいち早く気づくのが何よりだ。できれば幻覚や妄想が出る前に、音や光に敏感になっていることなどをキャッチ。早い段階で治療をはじめれば、症状を悪化させないで回復させることができる。

ものが歪んで見えるようになった

加齢黄斑変性なら最悪失明！ すぐに受診を

最近ものが妙に歪んで見えることはないだろうか。視力検査をするときのように、片方の目をつぶって、片目ずつ順番に真っすぐな線を見つめてみよう。片方の目に異常が生じていても、両目で見るともう片方の目が補正するため、歪んでいることがわかりづらい。

もし歪んで見えたら、早く眼科を受診しなければならない。日本人の50歳以上の約60人に1人がなる加齢黄斑変性を発症しはじめている可能性がある。同じように歪みや見えづらい部分が生じる緑内障よりも進行が速く、放置していると失明につながる恐れもある怖い病気だ。もともと欧米人に多い病気だったが、食生活の欧米化によるものなのか、近年は日本でも急増している。

加齢黄斑変性は目の一番奥にある網膜の中心部、黄斑の病気。黄斑は視細胞がたくさん集まった部分で、光や色を感じたり、細かなものを見たりする重要な機能を担っている。加齢によってこの部分に障害が起こると、ものが歪んで見えるようになる。多くの場合、これが最初に表れる症状だ、次いで、視界の中心部分が暗く欠けたり、視力そのものが低下してぼやけて見えたりする。

さらに黄斑の障害が進行すると、細かい部分がより判別しにくくなり、人の顔がわかりにくい、文字が読めない、遠近感を失うといった症状も起こり、日常生活に大きな支障が出るようになる。そして最悪の場合、失明してしまうのだ。

加齢黄斑変性は片目ずつ進行していくのが特徴だ。このため、発症しても自覚症状が出にくい。そこで、「アムスラーチャート」と呼ばれる目の病気のためのチェックシートを使って、定期的にチェックするようにしよう。

最近、加齢黄斑変性の治療法は格段に進歩してきた。異変を早くキャッチし、早期のうちから治療を開始すれば、障害の進行を抑えて、視力を回復させることもできるようになっている。また、生活習慣ではタバコが大きなリスクとなるので、禁煙することが欠かせない。

アムスラーチャートでチェック

本を30㎝離して、片目で中心にある点を見る。マス目が正しく見えているか、線が歪んで見えないか、どこか欠けたところはないか、といったことを定期的にチェックしよう。加齢黄斑変性だけではなく、緑内障の場合も同じような症状が表れる。

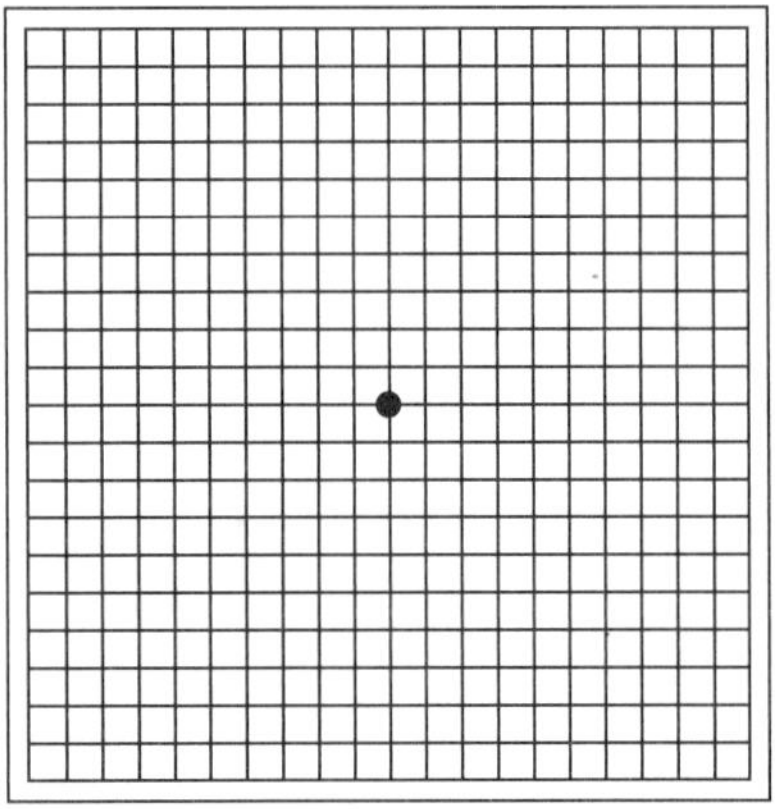

次のような見え方をしたら、眼科を受診しよう

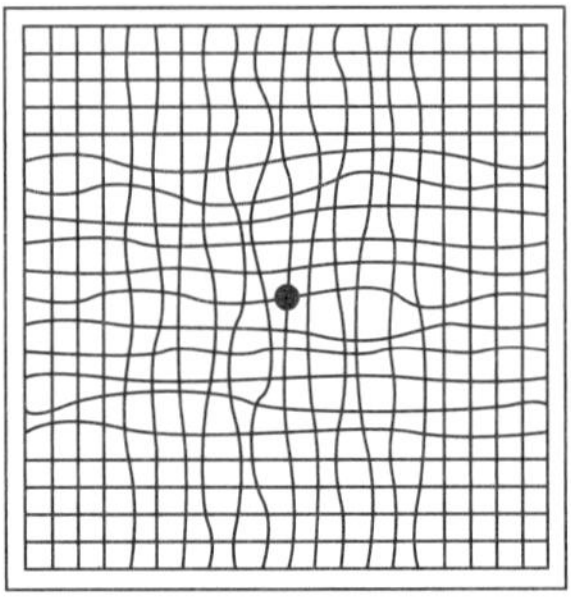

線が歪んで見える

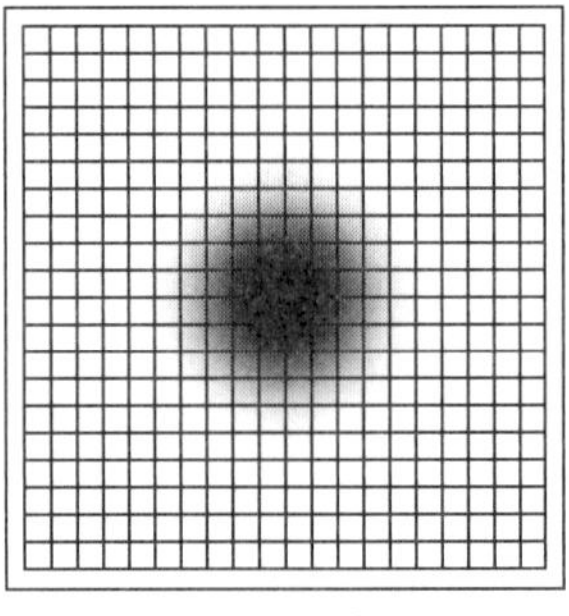

黒くなったり欠けて見えたりする

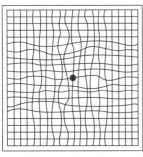

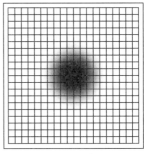

老化を知らせる前兆

軽度認知障害（ＭＣＩ）は、
日ごろの行動や会話に
必ず兆しが表れる。
体の老化についても同じ。
これまでと違う何かに気づこう。

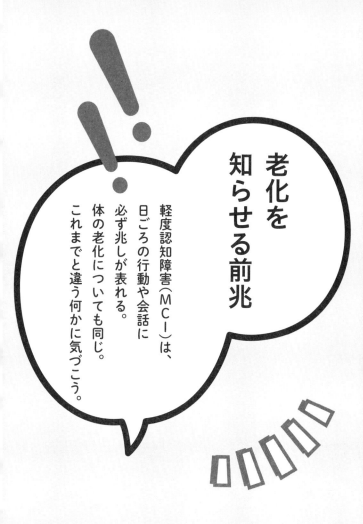

父と最近のニュースの話をしてもかみ合わない

認知症の前兆である「MCI」の可能性が

「この前の選挙、予想外の結果になったね」「あ、ああ、そうだな」「まさか、あの党があんなに躍進するとは」「そうだったな」「お父さん、どう思う?」「いやまあ、その、あれだよ」「あれとは」「うん、まあな」

父親と最近の大きなニュースの話をしても、妙にかみ合わない。あれほど話題になったので、知らないはずがないのに……。こうした首をかしげたくなるような出来事が続いたら、軽度認知障害(MCI)を疑ったほうがいい。

MCIは認知症の前段階。認知機能の一部に低下が見られるが、完全に認知症とされるほどではなく、日常生活にも支障が出ていない状態のことをいう。MCIを放置していると、5年ほどの間に約半数が認知症に進行するといわれている。

MCIになると、脳の機能が衰えることによって記憶障害が起こる。認知症の場合、

会話でわかるMCIのサイン

①
朝話したことを
夕方には忘れている

②
孫や子どもの名前を
よく間違える

③
最近のニュースや
自分の行動を
細かく話せない

④
何回も同じことを
話したり聞いたりする

聞いたことや行動したことの「全部」を忘れるが、ＭＣＩでは「一部」が抜け落ちるのが特徴だ。冒頭の父子の会話の場合、父は選挙があったこと自体は覚えている。しかし、細かい結果は忘れているので会話がかみ合わないのだ。

認知症の発症を遅らせるには、その前兆であるＭＣＩのサインをいち早くキャッチすることが大切だ。ＭＣＩの兆候は会話に表れやすい。おかしなことがあれば、まずはかかりつけ医に相談するのがいいだろう。身近な医療機関がない場合は、「もの忘れ外来」などの専門的な医療機関を受診することをおすすめする。

母が鍋をときどき焦がすようになった

MCIのサインは炊事関連でもよく見られる

認知症の前段階であるMCIのサインは、炊事に関係することでもよく見られる。物忘れが多くなるのに加えて、同時にふたつのことができなくなったり、物事を計画的に行うことが難しくなったりするからだ。

例えば、料理上手のはずの母親が、煮物を作るときに鍋をしばしば焦がすようになる。凝った料理を作るのが好きだったのに、焼き魚や刺身など、調理が簡単なものばかり食卓に出す。同じものばかりを作るようになる。以前よりも調理に時間がかかってしまう。冷蔵庫を見ると、同じ食材がいくつも並んでいる。さらに進行すると、財布や携帯電話など、冷蔵庫とは関係のないものが入っている。

こうした首をかしげるようなことが繰り返しある場合は、かかりつけ医か専門医に相談し、早めに対策を取るのが得策だ。

新しい業務をなかなか覚えられない

認知症の前兆で、仕事に支障をきたしはじめた？

認知症はほとんどの場合、高齢者がなるものだと思っている人がいるかもしれない。しかし、まだまだ働き盛りの年代でも発症することは多い。65歳未満で発症したものを「若年性認知症」と呼び、全国で約3万5000人いると推定されている。認知症の前段階であるMCIなら、さらに多いことは間違いないだろう。

MCIの影響は、普段の仕事にも表れる。新しい部署に就くことになったが、なかなか仕事のやり方が身につかず、早く覚えようという気力も湧かない。同じ質問を何度もして、周囲を苛立たせることがある。物忘れが多くなって、仕事のミスが増えてきた。こうした自覚のある場合、MCIの可能性がある。まだそんな年ではない、と納得できないかもしれないが、放置すると数年後には本格的な認知症に進行する可能性が高い。ひとりで悩まず、医療機関を訪ねてアドバイスをもらうようにしよう。

ひょろっとした抜け毛が増えてきた

薄毛になる前兆かも。食事の改善や髪のケアを

浴室の排水口をふと見たら、髪の毛がごっそりたまっている。これは薄毛になりつつあるサインなのか……と冷や汗をかいたことはないだろうか。

多少、抜け毛があるからといって、基本的には気にすることはない。1日50本から100本程度は自然と抜け落ちるものだ。ただし、毛根が細くてひょろっとしており、しかも短いものが多いのなら要注意。これから薄毛になるかもしれない前兆だと考えたほうがいい。

髪の毛の生え変わるサイクルが短くなり、完全に成長することなく、まだ細くて短いうちに抜けることから薄毛は起こる。進行するにつれ、前頭部や頭頂部などにふさふさした感じがなくなり、自分でも鏡を見ると、髪の毛が薄くなったと感じるようになってしまう。

成人男性の3〜4人に1人は薄毛になるので、ごく普通の生理現象ともいえるが、当人はやはり気になるものだろう。女性も薄毛と無縁ではなく、40代以降になると、全体的に髪の毛のボリュームが少なくなる人がいる。

薄毛の初期段階は、太くて長い髪の毛が多く抜けるのが特徴だ。それから徐々に、細くて短い髪の毛が増えていく。早い段階で前兆に気づいて、適切なケアをすることが大切だ。

薄毛は遺伝との関連が強いとされるが、ほかにもさまざまな要因が関係している場合がある。十分な睡眠を取り、栄養の偏りをなくし、ストレスになることを遠ざけるなど、生活習慣を見直すことからはじめよう。体全体の健康状態が良くなれば、髪の毛の状態も改善する可能性がある。

髪の洗い方も大事。ゴシゴシ力を入れるのは禁物で、頭皮を傷めて髪の毛に悪影響を与えやすい。シャンプーの洗浄力が強過ぎるのも良くないので、髪と地肌に優しいタイプに変えるのもいいだろう。少量をしっかり泡立てて洗い、ぬるめの湯で流すようにしよう。

健診の検査で以前よりも身長が縮んだ

骨粗鬆症になって骨がつぶれているのかも

健康診断の結果が送られてくると、血液検査の数値に一喜一憂するものだ。中性脂肪やコレステロール、肝機能などの数値は確かに重要だが、最もシンプルな検査である身長にも注目しよう。以前と比べて、身長が縮んでいたら要注意だ。

年を取って身長が縮むのは、多くの場合、骨粗鬆症《こつそしょうしょう》による背骨の圧迫骨折や曲がったことが原因だ。特に女性の場合、中高年になると、骨を作ることに関係する女性ホルモンの分泌が少なくなり、骨粗鬆症になりやすくなる。50歳以上の女性の3人に1人は発症するとされるほど身近な病気なのだ。

骨粗鬆症が厄介なのは、ほかの病気と違って自覚症状がないことだ。いきなり足のつけ根などを骨折し、病院で検査して、骨粗鬆症の進行がはじめてわかることは多い。いつまでも元気に過ごすためには、骨粗鬆症になっていないか、セルフチェックをすることが大切だ。

骨粗鬆症の兆候を知るのにとてもわかりやすいのが、健診で行われる身長測定。以前よりも2cm以上縮んでいたら、骨粗鬆症の黄信号が点灯したと考えたほうがいい。早めに病院を受診し、骨密度検査を受けるようにしよう。

骨粗鬆症のセルフチェック

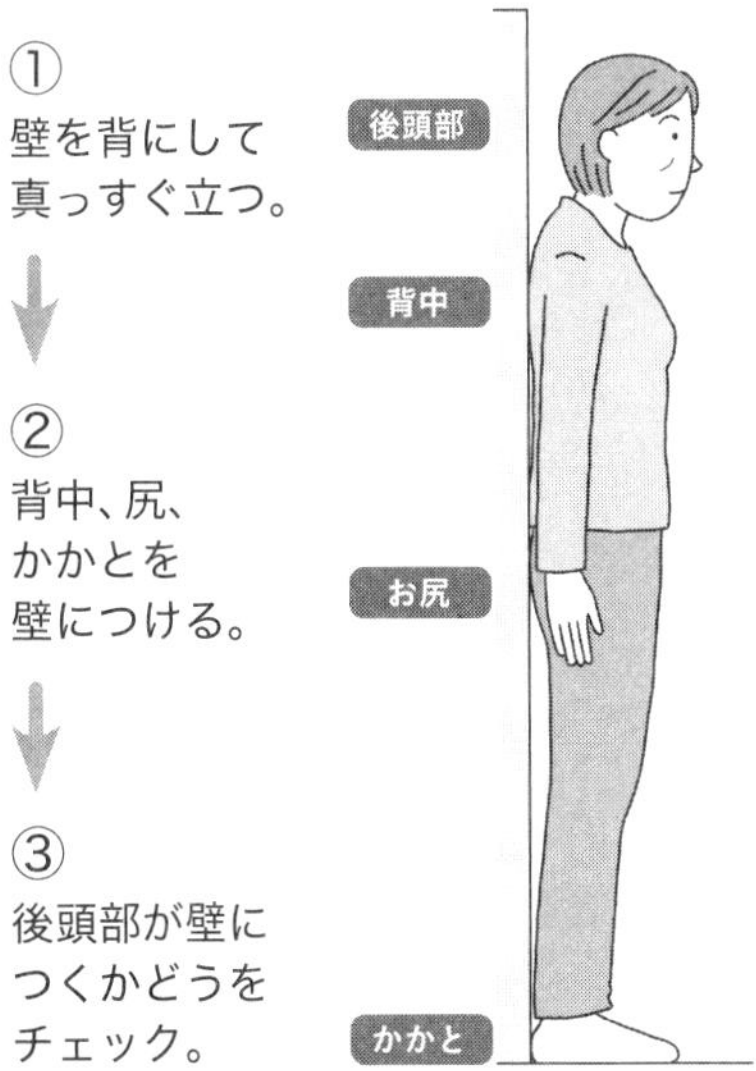
①
壁を背にして
真っすぐ立つ。
②
背中、尻、
かかとを
壁につける。
③
後頭部が壁に
つくかどうを
チェック。
後頭部
背中
お尻
かかと

骨粗鬆症の兆候があるかどうかは、身長を計らなくてもチェックできる。壁に背中と尻、かかとをつけて真っすぐに立ってみよう。その姿勢を取って、後頭部が壁につかない場合は、骨粗鬆症によって背骨が正常でなくなっている可能性が高い。この場合も、病院を受診するのがおすすめだ。

枕の跡がなかなか消えない

たんぱく質を摂って筋肉やコラーゲンを増強

朝起きて洗面所に向かい、顔を洗って鏡を見ると、ほっぺたに枕の跡がついている。こうした場合、寝相が悪かったんだな、と思って終わりにしないほうがいい。加齢に伴って、肌にも老化がはじまっている前兆なのだ。

張りのある若い肌なら、少々うつ伏せで寝ても枕の跡などつかない。くっきりと跡がつき、しかもなかなかもとに戻らない場合、皮膚の弾力を保つコラーゲンが減っている可能性がある。あるいは顔の筋肉が衰えて、たるみはじめているのかもしれない。いずれにせよ、放っておくと老化は着実に進行してしまう。

顔の肌の老化を少しでも遅らせるには、食生活のバランスに注意しながら、コラーゲンの原料となるたんぱく質を意識して摂ることが大切だ。表情筋を鍛えるため、「あ・い・う・え・お」と口を大きく開けて言うのも効果がある。

目の下の涙袋が大きくなってきた

肌のたるみのサイン。眼輪筋のエクササイズを

「涙袋」のある女性は魅力的だが、ある程度の年齢になってから、目の下に大きめの〝袋〟ができたら喜べない。それは「目袋」といわれるもので、女性にとって歓迎できない顔の変化のひとつだ。

目袋ができるのは、目の下の皮膚が重力に負けて、たるんでしまうことが原因だ。いつも目の下にクマができているように見え、残念なことに年齢よりも老け顔になる。それだけではなく、不摂生をしていると誤解されるかもしれない。何も対策をしないでいると、目袋は少しずつ目立つようになってくる。目を大きく開いたり閉じたりするエクササイズに励んで、目の周りの眼輪筋を鍛えて改善しよう。

目袋は顔がたるんできたというサインのひとつ。同じたるみからできるほうれい線やあごのたるみ防止のためにも、バランスの良い食生活を送ることも重要だ。

片目をつぶると、視野がもやっとする

緑内障の初期症状の可能性が

目と脳をつなぐ視神経に障害が起こり、視野が次第に狭くなっていく緑内障。日本では失明の原因で最も多いとされる厄介な病気だ。目の老化ともいえるもので、40歳以上の20人に1人が発症しているともいわれる。

普段は両目で見ているため、片方の目に発症しても、かなり進行しないと症状を自覚しにくい。新聞を使って、片目をつぶったときに、どのように見えるのか試してみよう。まず、細かい文字の多い株式欄を開き、真ん中部分に赤いマジックやマーカーで印をつける。顔を新聞から30㎝程度離して、片目だけでその印を見てみよう。周囲にもやっとして見えない部分、文字が読みづらい部分があった場合は要注意。緑内障の初期症状の可能性があるので、早く眼科で診察してもらったほうがいい。併せて、左のセルフチェックと82ページのアムスラーチャートも試してみよう。

緑内障セルフチェック

当てはまる項目があれば、早めに眼科を受診しよう。

- □ 新聞や本が読みにくい
- □ パソコンの画面が見えにくい
- □ 目が疲れやすい
- □ 看板に書いてある字が見えない
- □ 歩いていると人や物にぶつかる
- □ 暗い場所に入ると突然見えなくなる
- □ 段差がわからず転びそうになる
- □ 光がまぶしい
- □ 柱やものがゆがんで見える
- □ 目の前に何か飛ぶものが見える
- □ 目の奥が痛い
- □ 光の周りに虹がかかって見える

「目の健康チェックシート成人版」(公益社団法人 日本視能訓練士協会)より

年のせいか、おしっこの勢いが衰えた

前立腺肥大症の代表的な症状のひとつ

公衆トイレに入ったら隣に若者も並んだ。その「ジャー！」という勢いに比べて、自分は「チョロチョロ」。これは年を取っただけなのか、何かの病気なのか……。

尿の勢いが衰えたことを実感したら、前立腺に問題がないか疑ってみよう。60歳以上の男性の半数以上に肥大が起こり、その4人に1人は前立腺肥大症の症状が表れる。

前立腺は膀胱の出口付近で、尿道を取り囲んでいる臓器。年を取ると肥大しやすく、尿が出にくくなってしまう。尿の勢いが衰えるのは、頻尿と並んで、前立腺肥大症の代表的な初期症状だ。

症状が進行すると、なかなか尿が出なくなり、1回の時間も長くなっていく。さらに悪化すると尿が出なくなり、手術も必要になる。初期段階で受診すると、薬物療法で様子を見ることが多い。やはり前兆に早く気づくことが大切なのだ。

災害が発生する前兆

災害は突然起こるのではなく、
何らかの前兆があることも多い。
最新情報の入手とともに、
五感をしっかり働かせ、
発生前に避難しよう。

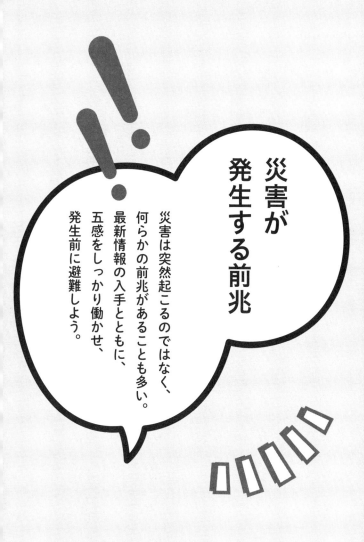

急に空が暗くなって、冷たい風が吹いてきた

積乱雲が近づいた証拠。いまにもゲリラ豪雨に襲われる！

ここ数年、従来の「大雨警報」を超える「記録的短時間大雨情報」が発表されることが増えてきた。こうした災害につながる大雨のなかでも、ごく限られた地域で集中して降るものを「ゲリラ豪雨」と呼ぶことがある。この言葉自体はじつは気象用語にはなく、「局地的大雨」という呼び方が正しい。ただ、テレビのワイドショーなどではゲリラ豪雨と呼ばれることが多く、一般に定着するようになった。

ゲリラ豪雨はごく狭い、20㎞から30㎞四方のエリアに降る。季節のなかでは、大気の状態が不安定な夏と5月に発生することが多い。2008年7月に石川県で起こったゲリラ豪雨の場合、1時間に140㎜を記録する凄まじい大雨が降ったが、そこからわずか20㎞離れた地域では20㎜しか降らなかった。まさにピンポイントで襲ってくるゲリラ豪雨。突然発生するとパニックになりそうだが、その前兆ははっきりしてい

るので覚えておこう。

ゲリラ豪雨を起こすのは、空に湧き立つ積乱雲。夏を代表する雲で、いわゆる入道雲はこの仲間に入る。積乱雲はほかの雲とは明らかに形状が違うので、見つけるのは簡単だ。雲のてっぺんがもくもくと湧いて、まるでカリフラワーのように見え、さらに発達すると大きな傘のあるキノコ雲のような形になる。

積乱雲が遠くにあるときは、太陽に照らされて白く輝いて見える。この時点では、まだ安心していいが、近づいてくると一変し、雲の底のほうが黒くなってくる。これは雲が非常に分厚く、太陽の光が下の層まで届かないためだ。

一層近づくと空は急に暗くなり、ひどい場合は夜かと思えるほどになる。稲光が走って雷鳴が聞こえ、急に冷たい風も吹く。こうなると間もなく、非常に激しい雨が降ってくるのは間違いない。

ゲリラ豪雨に襲われてもあわてないため、不気味な積乱雲が見えたら、気象庁ホームページの「高解像度降水ナウキャスト」のサイトをチェックするといい。1時間先までの雨雲の移動状況が、10分単位でわかるので活用しよう。

海岸に海藻やゴミが集まっている

離岸流があるサインで、泳ぐと沖に流される！

海で泳ぐとき、絶対に避けなければならないのが離岸流《りがんりゅう》。岸から沖に向かう非常に強い流れのことだ。流れの幅は10mから20m程度とさほど広くはないが、沖への長さは数10mからときには数100mに及ぶこともある。

流速は最も早い場合で、秒速2mほど。ジョギング程度のスピードだが、水の中ではずっと早く感じられ、いったん離岸流の中に入り込んでしまったら、流れに逆らって泳ぐのは極めて難しい。

水難事故の原因となりやすいこの離岸流は、沖から打ち寄せられた波がある場所に集まって、そこから一気に沖まで戻ろうとすることによって起こる。厄介なのは、どこで発生するか予測しづらいことだ。海水浴場が開いているひと夏近く、同じ場所で発生し続けることもあれば、2～3時間後にはなくなることもある。発生しやすい場

離岸流が起こりやすい場所

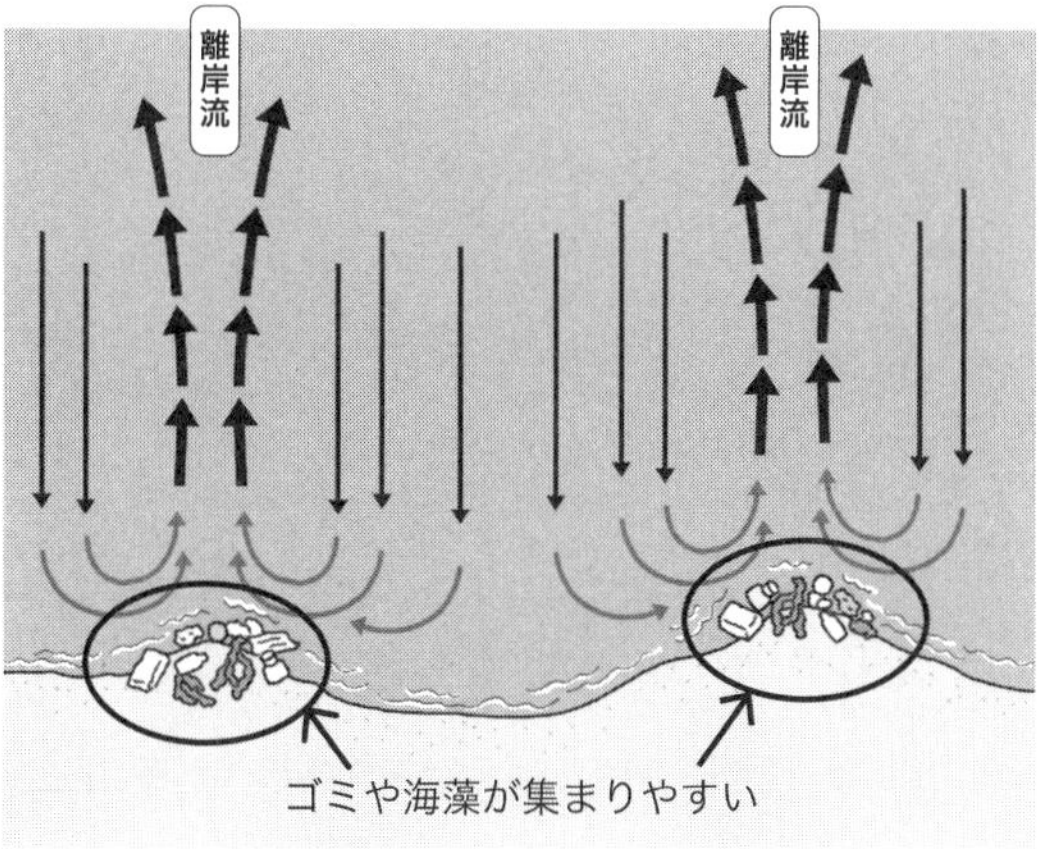

所はある程度見当がつくので、サインを発見したら、決して海に入ってはいけない。
離岸流の発生を察知するには、海岸線をチェックしよう。ほかと比べて、波打ち際にゴミが妙に多く打ち上げられているところは、離岸流が起こりやすい可能性が高い。離岸流は打ち寄せられた流れが集まるところが起点になる。このメカニズムから、ゴミや海藻などもその起点近くに集まっていることが多いのだ。
万一、離岸流に流された場合、岸に向かって泳いでも戻るのは難しい。幅はそれほど広くないので、離岸流とは垂直方向に泳いで、流れから脱出するようにしよう。

山から腐った土のイヤな匂いがする

土石流の危険が迫っているのかも！

「土砂災害警戒区域」という不穏な名称を聞いたことがあるだろうか。土砂災害が発生した場合、住民の命などに危害が生ずる恐れがあり、警戒避難体制を特に整備すべき区域のことだ。

全国を見ると土石流で約20万か所、急傾斜（がけ崩れ）で約41万か所、地すべりで約1万3000か所、合計約62万か所に及ぶところが土砂災害警戒区域に指定されている。地域のハザードマップを確認して、自分が暮らしている場所の安全性をぜひ確かめておくようにしよう。

こうした土砂災害のうち、土石流とは長雨や集中豪雨などによって、山腹の土砂や川底の石が一気に下流に流れていく現象を指す。土石流の土砂の勢いはすさまじく、ときには時速40㎞に達する。これは陸上の短距離選手のトップスピードにも匹敵する速さなので、直撃されれば到底逃げ切れるものではない。前兆をキャッチして急いで避難することが、命を失わないための唯一の方法だ。

まず、川の水が異常に濁るようになったら要注意だ。上流で土石流が発生して、土砂が川に流れ込み、下流まで流れてきた可能性がある。濁っただけではなく、流木などが混じっていたら、さらに危険性は高い。大雨が降っている場合、聞こえにくいかもしれないが、普段はない音にも注目しよう。立木の裂ける音や岩同士がぶつかるような音などが聞こえたら、上流で土石流が発生している恐れがある。

大雨が降っているのに、川の水位が急激に低下した場合はもう猶予はない。上流で川がせきとめられ、天然のダムができた証拠だ。このダムが決壊すれば、激しい土石流となって下流に向かってくる。

ゴーという地鳴りも土石流の前兆。地下水が上昇することにより、がけの内部を結びつける力が弱くなり、斜面が移動して生じる不気味な音だ。土砂が崩れたことによる腐った土のような匂い、岩同士がぶつかるときの焼けたような匂いがするのも極めて危険。とにかく家を飛び出て、安全な場所に走らなければならない。

家の近くから湧き出る水が急に枯れた

がけ崩れが発生する一歩手前かも！

土砂災害のなかでも、非常に多いのががけ崩れ。斜面の地表に近い部分に大量の雨水が浸透し、緩んで崩れ落ちてくる。地震の際にも突然の激しい揺れで発生するが、長雨や集中豪雨が原因なら、前兆を見つけて危険を回避することが可能だ。

前兆として、まず注目したいのは湧き水。急に湧水量が増えた、あるいはこれまでなかったところに湧水が発生したら、がけの内部に大量の雨が入り込んでいることを示す。湧いている水が濁る、異様に吹き出す、その逆に湧かなくなった場合は、さらに危険度が高まった可能性がある。

斜面に亀裂ができたり、前に押し出されてきたり、地鳴りがしたり、小石がぽろぽろ落ちてきたりした場合はすでに緊急事態。いますぐにでも大きながけ崩れが発生してもおかしくない。

山からブチブチッと木の根の切れる音がする

非常に危険！　地すべりがいまにも発生しそう！

斜面の内部に大量の地下水が浸透し、重力によって地面が大きな塊のまま滑り落ちていく地すべり。家や木、田畑など何もかもが一緒に移動するので、被害が非常に大きくなりやすい土砂災害だ。

地すべりの前兆としてよく見られるのは、斜面にできる亀裂や段差、陥没、押し出しなど。これらは斜面が移動することによって起こるので、かなり切迫感が強いサインといえる。この動きによって、木の根が切れるブチブチッという音が聞こえたり、樹木が傾いたり、電線が緩んだりすることもある。

さらに緊急性が高い前兆は、地鳴りや家鳴り、不気味な地面の振動などがある場合。地すべりで地面が移動しはじめた可能性が高いので、すぐに家を飛び出して逃げなければならない。

3つの土砂災害の前兆

土石流

・川の異常な濁り
・流木が流れてくる
・立木の裂ける音や岩がぶつかる音
・川の水位の急激な低下
・地鳴り
・腐った土の匂い
・何かが焼けたような匂い

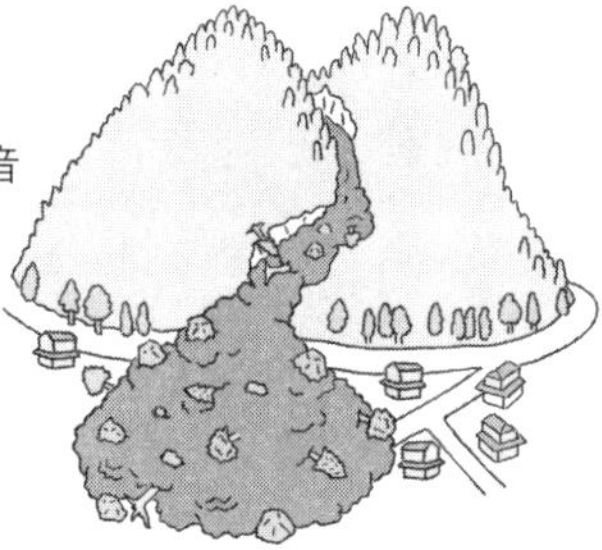

がけ崩れ

・湧水量の増加
・新たな湧水の発生
・湧水の濁り
・湧水の異様な吹き出し
・湧水の低下
・斜面の亀裂・押し出し
・地鳴り
・小石が落ちてくる

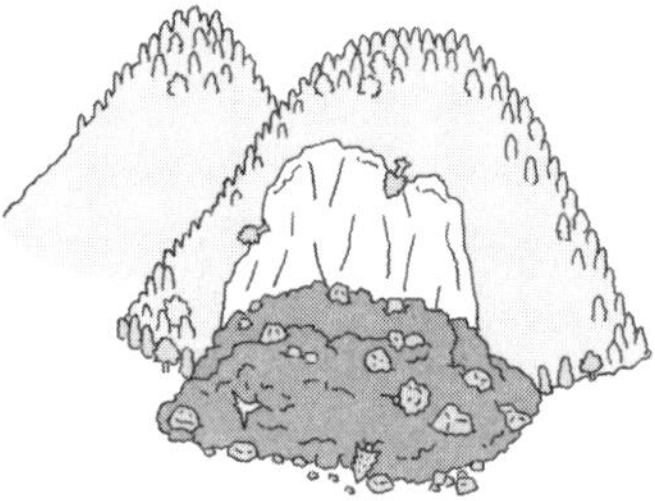

地すべり

・斜面の亀裂／段差／陥没／押し出し
・木の根が切れる音
・樹木の傾き
・電線の緩み
・地鳴り
・家鳴り
・地面の振動

東の空の朝焼けがとても美しい

その日はだんだん天気が崩れていくというサイン

西の空が夕焼けに染まると、次の日は晴れることが多いといわれる。では朝方、東の空が朝焼けになるとどうだろう。この場合も、天気が良くなると思う人がいるかもしれないが、そうではない。特に春と秋の場合、天気はよく下り坂になってしまう。

日本の上空には、西から東へと流れる偏西風が吹いている。このため、天気も同じように、基本的には西から東に向かって変わっていく。西の空が夕焼けで晴れていれば、その良い天気が東に動いてくるので、翌日は晴れる可能性が高いことになる。

一方、東の空が朝焼けになっていても、その晴れた空はより東へと遠ざかっていく。天気を予測するのに重要なのは西の空。春と秋の場合、高気圧と低気圧が交互に通過するので、晴れた空がより東へと遠ざかったら、今度は西から低気圧が近づいてくることが多い。この動きから、朝焼けになると天気が崩れやすいというわけだ。

耳鳴りがしたかと思ったら、ものが飛んできた

竜巻が発生して近づいてくる！

竜巻は1年に平均して25個ほど発生する。直撃されることは少ないとはいえ、出合ってしまえばこのうえなく危険だ。２００６年9月に宮崎県延岡市で発生した際には、死者3名、負傷者１４３名、全壊79棟、半壊３４８棟という大きな被害が出た。また２０１２年には茨城県で複数の竜巻が発生し、死者1名、負傷者37名、全壊76棟、半壊１５８棟という惨事となった。

竜巻はゲリラ豪雨などと同じく、巨大な積乱雲から生み出される。ほんの短時間のうちにどんどん成長し、異様に大きくなっていく場合は特に要注意だ。「かなとこ雲」といって、成長した上部が平らに広がっている不穏な形の積乱雲も、見つけたら目を離さないようにしよう。

発達した積乱雲が近づいてきて、空が急に暗くなり、冷たい風が吹いて、雷が鳴り

出したら大雨が降るのは間近。さらに雹《ひょう》が降ってくると、強い下降気流が発生した証拠なので、竜巻の発生が現実味を帯びてくる。暗い積乱雲の底から漏斗《ろうと》状の雲が降りてくるのが見えたら、もう竜巻は目の前。飛行場で聞こえるようなゴーという轟音が聞こえ、気圧の急激な変化によって耳鳴りもするはずだ。

竜巻が発生したら、ごく短時間のうちにとてつもない被害が出る。通り過ぎていったルート上では電柱が倒れ、車が転がり、屋根が飛び、壊れた家の破片が近所の家を直撃して破壊する。屋外にいた場合は極めて危険なので、前兆をキャッチしたら、すぐに頑丈な建物の中に逃げ込まなければならない。

自宅にいたのなら、余裕があれば雨戸やシャッターを閉める。その余裕がない場合は、カーテンだけでも閉めて、窓のないクローゼットやトイレ、浴室などに逃げ込もう。車で移動中だったら安全な場所に停車して、頑丈な建物に逃げ込むのがベスト。その余裕がない場合は、最悪、路肩に停めて身をかがめてやり過ごそう。

積乱雲が巨大化した場合、竜巻だけではなく、ダウンバーストやガストフロントという突風が吹くこともある。これらは漏斗雲がなくても発生するので要注意だ。

積乱雲から発生する激しい突風

竜巻

積乱雲が発達し、上昇気流が盛んになって発生する巨大な渦巻き。被害域は幅数10～数100mで、多くは長さ数kmに集中。

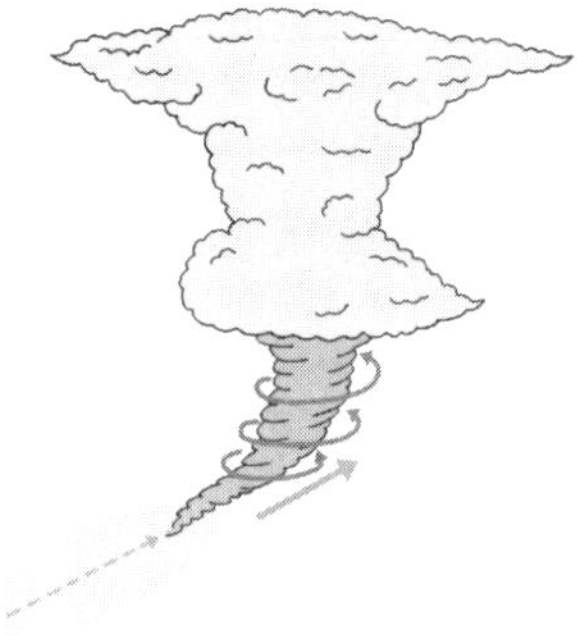

ダウンバースト

積乱雲から拭き下ろす下流気流が地面に衝突し、水平方向に激しく吹き出す空気の流れ。広がりは数100mから10km程度。

ガストフロント

積乱雲の下の冷たくて重い空気が、温かくて軽い空気のほうへと流れ出して起こる突風。数10kmにわたって広がることもある。

ラジオを聴いていたらガリガリと異音が

遠くないところで雷が発生した証拠

家や車でラジオのAM放送を聴いていたとき、突然、「ガリガリ」という雑音が入ることがある。そのすぐあとで、家や車から外に出る予定のある場合は、十分注意しなければならない。

AM放送にこうした雑音が入るのは、そう遠くない場所で雷が発生しているからだ。雑音の間隔がだんだん短くなり、しかも音が大きくなってきたら、雷の発生場所がより近づいたことになる。稲光が見え、雷鳴も聞こえるようになるだろう。

じつは雷が発生すると、電流とともに電波も空気中に流れる。雷が発する電波は、AMラジオの周波数内に入っているので、放送中に雑音として入ってしまうのだ。雷の危険が及ぶ圏内に入った証拠なので、開けた野外に出るのはやめておこう。雷が収まるまで、家や車の中にとどまっておくほうがいい。

雪山の斜面で雪玉が転がり落ちるのが見えた

危ない！　雪崩がいまにも発生する

雪山で雪崩《なだれ》に遭遇したら、逃げ切るのは難しい。雪崩はときに時速２００㎞を超えるスピードで下ってくる。発生したらどうするかよりも、発生の前兆に気づいて危険を避けることが重要だ。

雪崩にはいくつかの前兆があるので、登山やクロスカントリースキーなどで雪山に入った際には、必ずチェックしながら進むようにしよう。わかりやすい前兆のひとつは、雪面に亀裂やシワがあることだ。こうした状態は、雪が緩んで少しずつ動き出そうとしていることを示す。雪玉が上から転がってくるときも非常に危険。雪が滑り落ちたくてたまらない状態なので、いつ雪崩が起こっても不思議ではない。

こうした前兆を見つけたら、それ以上近づいてはいけない。すみやかにその場を離れるようにしよう。

住まいのトラブルの前兆

住まいにトラブルが発生したら、
想像以上に大きな金額が
必要になることもある。
早めに対処できれば、その分、
費用は抑えられるはず！

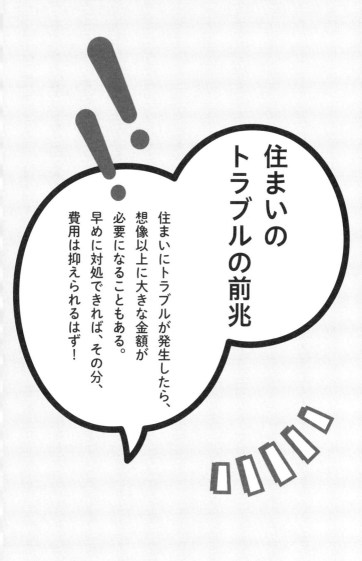

壁のクロスにシミができてきた

本格的な雨漏り寸前で、屋根修理のタイミング

天井からポタポタ水滴が落ちてきて、床にバケツなどを置いてその水を受ける。雨漏りといえば、こういったイメージが浮かぶかもしれないが、実際にはそのずっと前から雨水は侵入している。

屋根瓦やスレートが劣化し、割れたりズレたりしたところが雨水の侵入口だ。台風で瓦が飛ばされるなど、よほどのことがない限り、当初は雨水が大量に侵入してくることはない。多くの場合、雨水は少しずつ入ってきて、屋根の傾斜を伝わって端のほうへと流れていく。そして最終的に壁へと行き着き、そこからじわじわ下がってくる。この結果、壁の上部と天井との境目にシミができてしまうのだ。

目に見える雨漏りがなくても、こうしたシミを見つけたときが屋根修理のタイミング。早めにメンテナンスを行うほど、修理費用は低く抑えることができる。

家の外壁を触ると白い粉がつく

塗装が劣化した証拠のチョーキング現象

家の外壁を触ってみたら、まるでチョークに触れたときのように白い粉が手についた。こうなった場合、外壁塗装のリフォームを検討する時期にきている。

こうした白い粉がつくことを「チョーキング現象」という。外壁には塗料を保護するため、その上に「塗膜」と呼ばれる合成樹脂が塗られている。チョーキング現象は、長年の紫外線や風雨などによって、この塗膜が傷めつけられて劣化し、塗料がむき出しになって粉化して起こる現象だ。

外壁塗装は10年ごとに塗り直すのが目安とされる。チョーキング現象が起こったら、そのタイミングになったということだ。放置しておけば、むき出しになった塗料が水分を含んで、カビやコケが発生しやすくなるだけではなく、ひび割れやサビの原因にもなる。いますぐ急激に悪化することはないが、早めに修理を検討しよう。

風呂掃除をしてもカビがひどい

水漏れしないうちに早めにリフォームを

新築の家やマンションの風呂は清潔そのもの。使い勝手も良くて快適だが、年数がたつにつれてカビや汚れが目立つようになり、排水口などにもさまざまな不都合が出てくるようになる。

浴槽の耐用年数は20年から30年が目安。かなり長く使用できるものだが、日ごろの使い方や頻度によっては、その半分程度の年数で相当な劣化が起こることも考えられる。使った期間にとらわれず、メンテナンスが必要とされる前兆を早めに発見することが大切だ。ちょっとくたびれているけどまだ使えるからと、修理するのを先伸ばしにしていると、費用が無駄に多くかかることになってしまう。

修理が必要なほど劣化したことを示す前兆には、いろいろなものがある。なかでも重要なポイントのひとつは、浴槽や浴室の壁、床などにひび割れやサビができていることだ。劣化が進んでこうした不具合が起こると、水が浴室から外に染み出して、木造部分の腐食や漏水を起こす可能性がある。

家の外に出て、浴室の外側に当たる部分の壁もチェックしてみよう。水が染み出したような跡がある場合は、劣化はかなり重症だ。早急に業者に連絡して、点検してもらったほうがいい。

浴室入り口付近の洗面脱衣所の床も重要なチェックポイントだ。床が妙にぶよぶよしている感触があるのなら、ひそかに水が染み出している可能性が高い。この場合も、できるだけ早く修理をしないと、ダメージはより大きくなっていく。

ほかにも修理が必要な前兆は複数ある。掃除をしてもカビやイヤな匂いがなかなか取れない、排水口がすぐに詰まって流れづらくなる、お湯の温度調節や換気扇が思うように作動しない、といったケースでも点検を依頼しよう。

風呂を20年近く使っている場合は、修理やメンテナンスではなく、リフォームするほうがおすすめだ。近年、風呂の設備の進歩は目覚ましく、湯を沸かす際の省エネにより、ランニングコストを抑えることもできる。

水道メーターを止めても針が微妙に動く

漏水しているので、至急、修理が必要！

最近、水道代が妙にかかるようになってきた。こうした場合、特に心当たりがないのなら、漏水している可能性が高い。そのまま放っておくと、無駄な出費がかさむだけではなく、大きなトラブルを引き起こす場合がある。

水漏れをしている周囲は常に湿気がある状態になるので、カビが生えやすく、悪臭も発しやすい。家の構造材などが腐食すれば、大きな修理費用がかかるかもしれない。集合住宅の場合、階下の部屋でカビが発生したり、雨漏りのような状態になったりして、訴訟になることもある。たかが漏水では済まされないのだ。気になる場合、すぐにでも漏水の有無を確認して対処するようにしよう。

漏水の可能性がある場合、チェックすべきなのは水道メーターだ。家の中にある水道の蛇口をすべて閉めてから、メーターの「パイロット」という部分を確認しよう。

漏水の確認は水道メーターの「パイロット」で

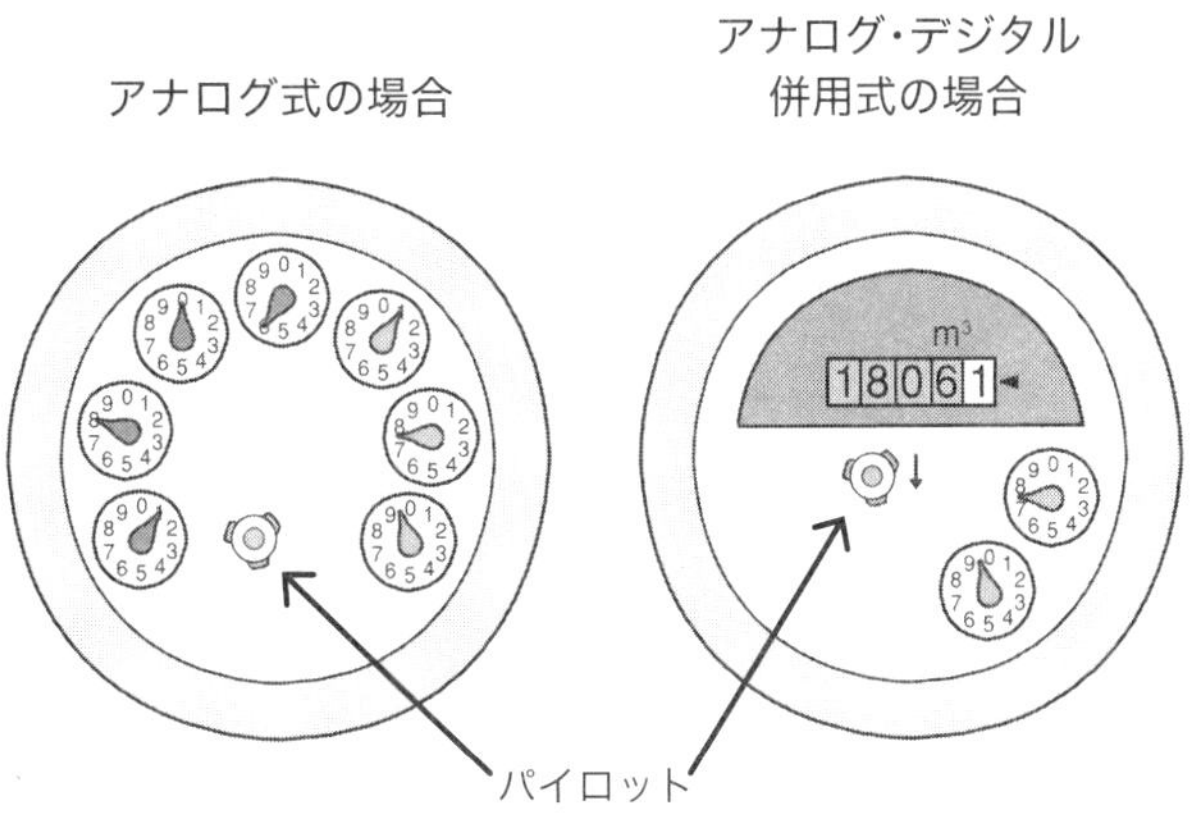

水道の使用状態を示す機器で、漏水をしていない場合、このパイロットは当然動かない。一方、蛇口を締めてまったく水を使っていないのに、なぜだか動いている場合、どこかで漏水していることになる。

漏水があることがわかれば、蛇口や配管、排水管の接続部分、便器、トイレタンク、浴室のシャワーなどからじわじわ水が漏れていないかチェック。見つけたら、すぐに手当てをしよう。目に見える部分で不都合のない場合、おそらくは「地下漏水」だ。地下にある給水管から漏水しているもので、水が地中に流れ出ているため発見しにくい。至急、水道工事店に点検を依頼しよう。

家の周りで羽アリをよく見かける

シロアリが巣くって、家から出てきているのかも！

暖かい時期、家の周りに羽アリがたくさん飛んでくる。ちょっとうっとうしいが、たかがアリだから気にしないで、何も対策をしていない。こういった場合、家の外から見えない部分が、どんどん傷んでいく可能性がある。

大きく分けて、羽アリにはふたつのまったく異なるタイプがある。ひとつは、ごく普通にアリと呼ばれる一般的なクロアリのグループ。もうひとつが、木造住宅に巣くって食い荒らすシロアリの仲間だ。

シロアリは文字通り、白いアリだから、見た目ですぐに区別がつくのではないか。こう思うかもしれないが、ことはそう簡単ではない。

羽の生えていない働きアリなどは確かに白いが、羽アリは黒色や茶褐色をしているからだ。昆虫にくわしくない人は、羽アリをひと目見ただけでは、シロアリかクロアリか判別できないだろう。

家を守るため、判別のポイントを覚えておこう。最もわかりやすいのは胴体の形で、シロアリの羽アリはくびれがなく、胸部と腹部が寸胴になっている。一方、クロアリの羽アリは、普通のアリのイメージ通り、胴体にくびれがある。羽の形状も異なっていて、シロアリの羽アリは前羽と後ろ羽が同じような大きさ。これに対して、クロアリの羽アリは前羽のほうが大きいことで区別できる。

飛んでくる季節によっても、シロアリかそうでないかを判別することは可能だ。シロアリの仲間のヤマトシロアリは4月中旬から5月、イエシロアリは6月から7月にかけて多く発生する。このため真夏の半ばを過ぎてから、あるいは秋になってから飛んでくる羽アリはクロアリの仲間の可能性が高い。ただし、一部の地域で発生している外来種、アメリカカンザイシロアリは年中発生する場合があるので注意が必要だ。

家の周りでシロアリの羽アリが大量に発生した場合、床下の柱などに巣くっている可能性がある。素人では駆除できないので、早めにシロアリ駆除を専門とする業者に連絡することをおすすめする。床下なども入念に調査してくれるので安心だ。

シロアリとクロアリの羽アリの違い

シロアリの仲間

・胴にくびれがなく寸胴
・前羽と後ろ羽の大きさが同程度
・羽が薄い
・羽が落ちやすい。家の周りに羽だけがたくさん落ちていることも
・ヤマトシロアリは4月中旬〜5月、イエシロアリは6〜7月に発生

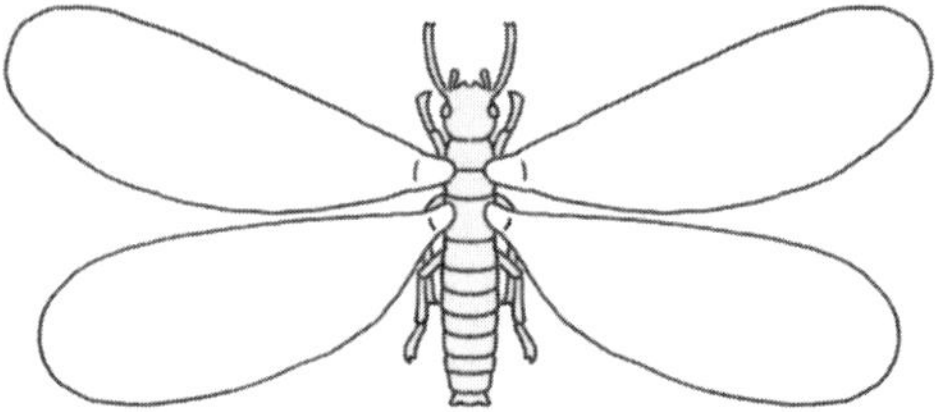

クロアリの仲間

・胴体にくびれがある
・前羽のほうが大きい
・羽が厚い
・羽はなかなか取れない
・複数の種類が5〜11月に発生

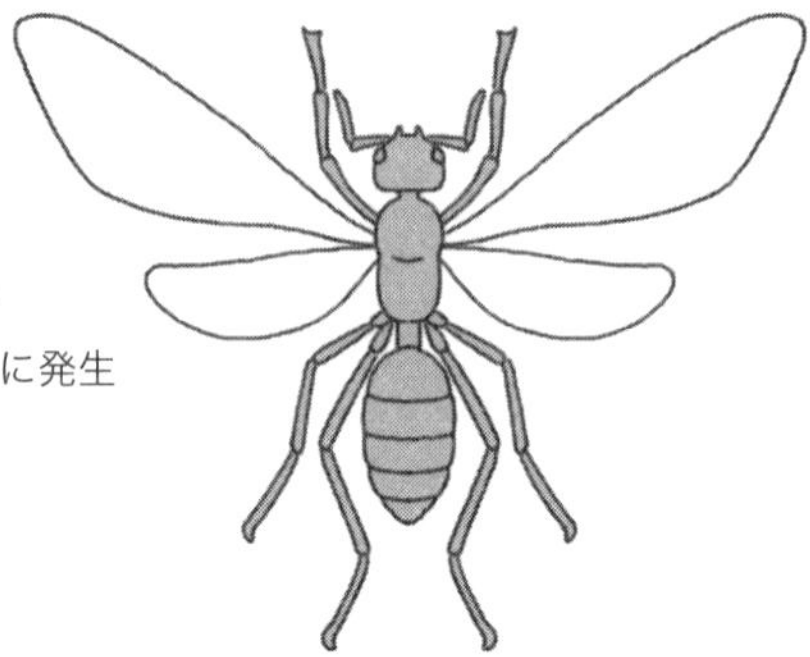

庭木の根元に細かいおがくずが落ちている

内部にカミキリムシの幼虫が。駆除しないと枯れる！

庭木の根元あたりに、生木の細かいおがくずのようなものがたまっている。掃除をしてきれいにしたのに、翌日になると、また同じところにおがくずが……。これは庭木の中に、厄介な虫が潜んでいる証拠。樹がどんどん弱っていくことのサインだ。

庭木に入り込んでいるのは、農家や園芸愛好家に忌み嫌われているカミキリムシの幼虫。細長い体をしており、「テッポウムシ」とも呼ばれている。樹に入り込んで内部を食い荒らす大害虫で、放置しておくと樹がひどく弱り、枯れてしまうこともある。おがくずのように見えるのは、木くずを食べたあとのフンだ。

このサインを見つけたら、絶対に放っておいてはいけない。入り込んだ小さな穴を見つけて、そこから針金を差し込んで殺すか、ノズルのついた専用の殺虫剤を使用する。奥まで入り込んだら駆除が難しくなるので、早めに発見することが肝心だ。

外壁の木質部分にひっかき傷のようなものが

要注意！ハチがかじって巣の材料にしている

外壁などに木質の材料を施している和風の住宅で、不思議な現象が起こることがある。木質の部分に何かでひっかいた、あるいはこすれて削れたような跡ができるのだ。ネコが爪を研いだにしては、妙に高い場所にあることも多い。削れているのは表面だけなので、何かが飛んできてぶつかったわけでもない。

こうした傷跡は、じつはスズメバチやアシナガバチが巣の材料にするため、かじり取った跡である可能性が高い。これらのハチは、自然の中では樹の皮などをはがし取って巣を作る。住宅の木質の板を同じように使ったというわけだ。

ハチの仕業らしき傷跡を見つけたら、軒下などにハチの巣がないか確認しよう。見当たらないけれども、多くのハチが飛んでいる場合、屋根裏に作っているのかもしれない。攻撃される危険があるので、専門の駆除業者に点検してもらおう。

食べものの異常を教える前兆

保存していた食品は、どういった状態になれば食べられなくなるのか。特徴的なサインをよく覚えておこう。

冷蔵庫で保存していた納豆が水っぽくなった

納豆菌が働いていないので食べてはいけない

納豆は発酵食品だから腐ることはなく、賞味期限などあってないようなものだ。こう考えている人は少なくないかもしれない。

納豆の賞味期限は製造から2週間程度だが、確かに、これを数日過ぎても問題なく食べられる。それから徐々に見た目が茶色っぽくなり、ツンとするアンモニア臭も強くなっていくものの、それでも食べられないわけではない。

しかし、もう口にしてはいけないというサインもある。ひとつは糸を引かない状態になったときで、納豆菌が働いていないことを示すので食べてはいけない。また、冷蔵庫にしばらく入れておかなかったときなど、雑菌が繁殖して水っぽくなってしまうことがある。これもNGのサインだ。要するに、納豆ならではのネバネバがなくなったら、もう本来の納豆ではないということだ。

冷凍している食品に霜がついた

劣化して水分が蒸発した証拠で、もう捨てどき

冷凍庫に肉や魚、ゆでた野菜、作り置きした総菜などを入れておくと、いつの間にか霜がつくことがある。これはもうおいしくなくなったというサイン。「乾燥焼け」といわれる状態のひとつなので、残念ながら捨てたほうがいいだろう。

冷凍した食品に霜がつくのは、含まれている水分が水蒸気になって出ていったからだ。水分が抜けたところには空気が入り込み、食品の大敵である酸化が一層進む。こうしたことから、霜のついた冷凍食品は干からびてパサパサで、しかも風味や食感にも悪影響が出て、味わいがひどく落ちているのだ。

食品を冷凍保存して、冷凍焼けを起こさないようにするには、空気に触れさせないことが肝心だ。ジッパー付きポリ袋に入れて空気を完全に押し出してから締める、ラップで包む場合は2～3重巻きにする、といったことを心がけるようにしよう。

使い回した揚げ油から煙が出るようになった

本格的に油が劣化していくというサイン

揚げ物を作ると油が酸化するので、使い回しは最小限にするほうがいい。こういわれることがあるが、家族数人が食べる程度の天ぷらやフライを揚げたくらいでは、油はほとんど酸化しない。

確かに、油は光や加熱によって酸化しやすく、過酸化脂質という有害な油に変質する。しかし、同じ油を相当酷使し続けないと、人体に害を与えるほどには酸化しない。ある実験では、30回繰り返して揚げ物を作っても、その油は特に問題があるほどには変質していなかった。

また、過酸化脂質は１００℃以上の高温にさらされると分解する。このため、たとえ油が酸化していたとしても、再び１７０℃前後まで熱して揚げ物を作った場合、体に与える悪影響はまずない。こうした点から、揚げ物に使った油は捨てないでストックしておき、新しい油を継ぎ足しながら使うのがいいだろう。ただし、繰り返し使っていると、油に食材の成分や匂いが移って劣化してしまう。この意味から、やはり油には捨てどきがあると考えよう。

油が劣化して、もう使わないほうがいいというサインのひとつが、色が濃くなることだ。新しい油は透明なきれいな色をしているが、揚げ物を繰り返すうちに、食材の成分が溶け出すなどの影響で色が濃くなっていく。こうなると、加熱した際に臭みが出てくることもあるので捨てどきだ。

調理のあとで泡が消えにくくなったときも、もう捨てたほうがいいというサイン。煙が出はじめる温度もポイントだ。通常は230℃程度にならないと煙が出ないが、180℃程度の加熱で出るようになったら、その油はかなり劣化している。何となく油に粘りが出てきた場合も、新しい油に取り換える時期が来たと考えよう。

なお、古い油をよみがえらせる方法として、天かすを作る、梅干しを揚げる、衣に水分をたっぷり含ませる、といったやり方が古くから知られている。しかし、いずれの方法も効果はない。劣化してしまったら、もう捨てるようにしよう。

サバの刺身に白い糸のようなものがある

激しい胃痛を引き起こすアニサキスかも！

刺身を盛りつける、あるいは生食用の魚やサクを切るとき、丸まった糸くずのようなものを見つけた。こうした場合、その謎の物体は必ず取り除かなくてはいけない。その糸くずのようなものはアニサキス。人体に害を与える寄生虫（線虫）の一種だ。

寄生した魚を生食した場合、数時間から10数時間後、胃の壁に入り込もうとすることから、みずおちに激痛が生じ、ひどい嘔吐の症状も起こす。これが急性胃アニサキス症だ。腸まで進んだ急性腸アニサキス症では、激しい腹痛に襲われる。

いずれの場合も、症状が表れたら急いで病院を受診しなければならない。急性胃アニサキス症なら胃内視鏡によって摘出が可能だ。一方、急性腸アニサキス症では対症療法が行われ、外科的な治療が必要になることもある。

アニサキスが寄生するのはサバやアジ、サンマ、カツオ、イワシ、イカなどの多く

アニサキス症を予防するポイント

- 新鮮なうちにさばいて内臓を取り除く
- よく噛んで食べる
- 刺身は食べる前に必ず目視でチェックする
- わさび、酢、塩は効果なし
- 70℃以上、もしくは60℃で1分加熱して食べる
- 24時間以上冷凍したものを刺身にする

の魚介類。潜んでいるのは幼虫で、最終的にはイルカなどの体内で成虫となる。人間の体内では生き続けられないが、死ぬまでの間にひどい症状を引き起こしてしまう。

もともと内臓に寄生しているが、漁獲後、時間がたつと筋肉に移動することがある。この性質から、一尾魚を購入したら早く内臓を取り除くことが大切だ。生食する際には、糸くず状のものがないか、目視でよくチェックしよう。ワサビや酢が効きそうな気がするかもしれないが、効果はない。

アニサキスの害が怖いのは、生の魚を刺身で食べた場合だけ。冷凍や加熱をすると死滅するので、安心して食べられる。

ジャガイモがところどころ緑色になった

芽に含まれている天然毒素がここにもたっぷり！

保存していたジャガイモに芽が出ていた場合、そのまま食べる人はいないだろう。こうした芽にはソラニンやチャコニンという天然毒素が含まれているからだ。これらを摂取すると、吐き気や嘔吐、下痢、腹痛、めまいなどの症状が出ることがある。芽が出ていた場合、しっかり取り除いてから調理しなければならない。

これらの毒素があるのは芽だけではなく、じつは緑色に変色した皮にも多く含まれている。変色している場合、必ず皮を厚めにむいて調理しよう。

ジャガイモは光に当たると皮が緑色になるので、暗いところで保存するのが大切だ。ただし、冷蔵庫での保存は要注意。冷たい環境に置いたあとで高温調理すると、アクリルアミドという有害物質ができる可能性がある。冷蔵保存した場合は、煮るかゆでて食べるようにしよう。

気になる病気の前兆

気になる症状が少しあるが、たいしたことはなさそう。その油断が重症化を招く。何らかのサインがあれば、早く対応するのが肝心だ。

髪の毛が急に抜けるようになって気になる

鉄欠乏性貧血からくる抜け毛かも

髪をセットし、ヘアブラシをふと見ると、髪の毛がたくさん絡みついている……。男女を問わず、抜け毛が多いと不安になるものだ。年のせいかとまず頭に浮かぶだろうが、髪の毛が抜けるのにはさまざまな原因がある。特に女性で抜け毛が多くなった場合、よくある病気のことを考えなければならない。

じつは、貧血になると抜け毛が起こりやすいことがわかっている。貧血の代表は鉄欠乏性貧血。女性の10％ほどに見られる病気で、なかでも若い女性では4人に1人が経験したことがあるとされている。

よく知られているように、鉄欠乏性貧血は鉄分が不足することによって起こる。酸素を体中に運搬する成分であるヘモグロビンの主要な材料が鉄分。このため、鉄分が不足すると、ヘモグロビンを十分作ることができなくなって、全身の組織が酸素の足りない状態に陥ってしまう。これが鉄欠乏性貧血のメカニズムだ。

貧血になると、体のあらゆる部分がエネルギー不足になり、正常に働かなくなってトラブルが発生する。これに伴って、髪の毛を作る毛母細胞の働きも悪化。育毛がうまくできなくなって、抜け毛や薄毛につながってしまうのだ。

貧血の症状は、ほかにもいろいろある。最近、どうも息切れや動悸がする、何となくしんどい……といった代表的な症状もある場合は、気になる抜け毛は貧血が原因である可能性が高い。息切れや動悸は、長い距離を歩いたり、階段を登ったりしたとき、全身が酸素不足になって起こることが多い。

鉄欠乏性貧血の予防、改善で重要なのは意識して鉄分を補給することだ。多くの場合、特に鉄剤やサプリメントを使用しなくても、普段の食生活の改善によって効果を上げることができる。

鉄分には「ヘム鉄」「非ヘム鉄」の2種類があり、ヘム鉄はレバーやアサリなどの動物性食品、非ヘム鉄は小松菜や大豆、ヒジキといった植物性食品に多く含まれている。体内での吸収率は、ヘム鉄のほうが高いことも知っておこう。

暑くもないのに、氷を無性に食べたくなる

鉄欠乏性貧血で「氷食症」になった可能性が大

アイスコーヒーに入っている氷を、自分でも気がつかないうちに口に入れて、バリバリ食べていた。あるいは、なぜだか氷が食べたくなって、1日のうちに何度も製氷機から取り出してしまう。

普段は氷なんか冷た過ぎて食べたくないのに、無性に口に入れたくなる。自分でも異常な気がするが、体が欲している気がして、そうせずにはいられない。最近、こうした行動を取るようになったら、貧血になっている可能性が高い。

摂食障害の病気のなかに、「異食症」といわれるものがある。土や粘土、葉っぱ、髪の毛、チョークといったように、栄養価がなく、おいしいわけでもないものを好んで食べたくなる病気のことだ。

じつは、貧血のなかでも鉄欠乏性貧血になった場合、この異食症のひとつとして、

やたらと氷を食べたくなることがある。これは「氷食症」と呼ばれる症状。無性に欲するのは氷だけで、ほかに妙なものに手を出すことはほとんどない。

アメリカでの調査では鉄欠乏性貧血の患者の約60％、フランスの研究では約24％に氷食症が見られたという。日本のある調査では約16％、別の研究では約70％に氷食症の症状が出たと報告されている。奇異な行動だが決して珍しくはなく、鉄欠乏性貧血になったらよく見られることなのだ。

氷食症が起こるメカニズムはよくわかっていないが、いくつかの説がある。ひとつは、鉄分不足によって摂食中枢や体温調節中枢にトラブルが発生し、口の中が熱いと感じるようになり、それを鎮めるために氷を口に含むのではないかというものだ。また、口の中の粘膜に起こる炎症を抑えるため、あるいは強い精神的ストレスや強迫観念が原因といった理由もあげられている。

原因は不明でも、氷を食べたい気持ちが湧き上がってきたら、鉄欠乏性貧血になったサインだと覚えておこう。鉄分豊富な食材を積極的に摂取し、貧血が改善したら、この前までなぜ氷を食べたかったのか？と不思議に思うことだろう。

我慢しようとしても、あくびが止まらない

貧血で脳が酸素不足になった場合も連発する

人間は1日に平均7～8回あくびをする。ただ単純に眠たいから、退屈で仕方ないから、締め切った狭い部屋にいて酸素濃度が低下したから、隣の人のあくびが伝染したから……などと、あくびをする理由はさまざまだ。

しかし、睡眠時間は十分で、退屈しておらず、開放的な空間にいて、近くで誰もあくびをしていない。こうして特に理由がないのに、あくびを連発してしまう場合、何らかの体の不調が疑われる。その代表的なものが、貧血のサインとしてのあくびだ。

貧血になると、脳に十分な酸素を届けることができなくなる。この状態を改善する生理現象として行われるのがあくび。大量の空気を取り込み、酸素を血液に送り込んで、脳に届けようとするわけだ。多くの場合、貧血の原因は鉄分の不足なので、食生活の改善を図ることを考えよう。

耳が聞こえにくく、詰まった感じがする

突発性難聴の疑いあり！ ただちに耳鼻科へ

年を取るにつれて、耳が少しずつ聞こえにくくなっていくのは仕方ないことだ。しかし突然、片方の耳が詰まったようで聞こえにくくなったら、すぐに耳鼻科を訪ねて症状を訴えよう。

ある日突然、耳が聞こえにくくなる病気が突発性難聴。片耳に発症することが多く、原因は不明だ。耳が詰まったような軽症だけではなく、音が重なって聞こえる、エコーがかかったように聞こえる、耳鳴りが続く、まったく聞こえない、めまいや吐き気も併発した、といった症状が起こる。

原因は不明でも、ステロイド剤などで治療は可能だ。1週間以内に治療をはじめたら、半数は症状が改善し、約40％が完治する。しかし、発症後1か月たつと、落ちた聴力は戻らない。症状が軽い場合も、とにかく早く治療を受けるようにしよう。

目の下にクマがよくできる

青っぽいクマなら鉄欠乏性貧血が原因かも

目の下に「クマ」ができると、残念ながら、老けた貧相な感じの顔になってしまう。不健康そうな印象も与え、いわゆる「青クマ」の場合は、実際に不健康な状態に陥っていることもあるので注意が必要だ。

青クマとは、目の下が青っぽく黒ずんでいるタイプのクマのことで、その裏には貧血が隠されているケースが少なくない。貧血になると、血液中の赤い色素であるヘモグロビンが減るので、皮膚の下の筋肉が青紫色に透けて見えるようになるのだ。ほかには、睡眠不足による目の周りの血行不良、スマホなどの見過ぎによる眼精疲労などになった場合も青クマができやすい。

青クマができて、息切れや動悸などもあった場合、貧血が原因の可能性が高くなる。貧血を抑えることができたら、青クマも自然となくなっていくはずだ。

目の下にできる3タイプのクマ

青クマ

〈症状〉

・青黒く見えるクマ。黒っぽい、または赤紫がかっている場合も

〈原因〉

・貧血で酸素不足になり、皮膚の下の筋肉が透けて見える
・睡眠不足などによる目の周りの血行不良
・スマホやパソコンの見過ぎによる眼精疲労

【対策】

・食生活の改善による貧血の治療
・睡眠不足の解消
・目を酷使しない

茶クマ

〈症状〉

・茶色や褐色に見えるクマ

〈原因〉

・メラニン色素の沈着
・ヘモグロビンからできるヘモジデリンという色素の沈着

【対策】

・保湿
・摩擦などの刺激を避ける
・ビタミンCの摂取

黒クマ

〈症状〉

・目の下に影ができて、黒っぽいクマに
・目が飛び出るバセドウ病の場合も

〈原因〉

・下まぶたの皮膚や目の周りの筋肉がたるみ、目の下がくぼんでできる

【対策】

・目を大きく閉じたり開いたりする目元の筋肉のエクササイズを

乾燥する季節、すねに白い粉がふく

放置すると重症化しかねない。肌の十分なケアを

冬になると皮膚がカサカサになり、すねや太ももなどがざらついて、かゆくなったり、白い粉をふくようになったり……。乾燥した季節、皮膚のトラブルに悩まされる人は多いだろう。こうした場合、そのまま放っておいてはいけない。かゆいからと、かきむしってしまうのはさらに良くない。そうするうちにどんどん悪化して、広範囲の炎症を起こしてしまう可能性がある。

ある程度の年齢になっている人なら、皮膚のカサカサや白い粉があった場合、皮脂欠乏症というトラブルを起こしていることが多い。皮膚の表面にある皮脂が減少し、皮膚の水分が減って乾燥することで起こるものだ。

皮膚の皮脂は加齢によって減っていくので、皮脂欠乏症は特に高齢者に発症する。東京都の練馬区などで行われた調査では、老人保健施設では約70％、特別養護老人ホ

ームでは約94％の入居者が皮脂欠乏症になっていた。

多くの人がなるのなら、特に問題はないのでは？　こう軽く思いたくなるかもしれないが、甘く見ていると症状が悪化して大変なことになりかねない。

高齢者の肌は、刺激をガードするバリア機能も弱っている。このため、乾燥したところをかいていると、容易に肌が傷ついて炎症が起こってしまうのだ。ひどい場合は、その炎症がすねや太ももだけでなく、全身に広がっていく。さらに悪化すると、広がった炎症部分が赤くなり、皮膚がはがれ落ちる湿疹続発性紅皮症という怖い病気につながることがある。

すねに白い粉がふいているのを見つけたら、肌にダメージを与えないようにして、それ以上悪化することを防ごう。皮脂欠乏症は高齢者に多い病気だが、若い人や子どもにも発症する。特にアトピー性皮膚炎の人はなりやすいので要注意だ。

対策としては、皮脂が落ちやすい熱い風呂には入らない、体を洗うときはこすらない、タオルではなく自分の手で洗う、入浴後はすぐに保湿剤を塗る、紫外線から肌を守る、といったことを心がけよう。

なぜだか最近、ときどき脈が速くなる

目が飛び出ていなくても、バセドウ病の兆しは多い

最近、目つきが変わった。目がギョロッとして、だんだん飛び出してきたような気がする……。こうした変化があった場合、バセドウ病の疑いがある。

バセドウ病は甲状腺ホルモンが異常に分泌される病気。女性に多く、男性よりも4〜5倍も発症率が高い。広く知られているのは、「眼球突出」という特徴的な症状があることだ。しかし、それだけではなく、ほかにもさまざまな症状が表れるので、早期発見するためにぜひ覚えておこう。バセドウ病の症状は、更年期障害と似ている部分があるといわれる。

バセドウ病の発見が遅れると、目の突出が戻りにくくなってしまう。早期に発見して治療すると、症状が軽いうちに抑えることができる。兆しを見つけたら、早く受診するようにしよう。

バセドウ病のサイン

目に関する症状

□眼球の突出（若い人は目立ち、高齢者はそれほどでもない）

□まぶたの腫れ　□目の充血　□ドライアイ

□眼精疲労　□視力低下　□ものが二重に見える

首に関する症状

□甲状腺の腫れ

全身の症状

□動悸　□息切れ　□頻脈　□汗をかきやすい

□かゆみ　□暑い　□微熱

消化器の症状

□空腹感　□のどの渇き　□下痢　□体重減少

筋肉の症状

□手足のふるえ　□筋力低下

精神的な症状

□不安　□イライラ　□集中力の低下　□不眠

何だか足の指のつけ根がムズムズする

痛風の一歩手前、発作が起こる前に治療を

足の親指のつけ根が、何となくムズムズする。こうした不快な症状が起こった場合、放っておかないほうがいい。その後、突然、痛風の発作が起こる可能性がある。

痛風は血液中の尿酸が増えることで起こる病気。尿酸値が高い状態が続くと、尿酸が血液に溶け切ることができず、結晶になって関節に入り込む。これを白血球が異物とみなして攻撃して炎症を起こし、「風が吹いても痛い」とたとえられる激痛を伴う発作を起こしてしまうのだ。

痛風発作の前段階として、発作が起こりやすい足の親指のつけ根によく表れるのが、痛くはないがムズムズするという違和感。この段階でコルヒチンという有効な薬を使用すると、激しい発作を抑えることも可能だ。日ごろから尿酸値が高い人は、この前兆を見逃さないで医師に相談するようにしよう。

天ぷらを食べたあと、右の脇腹が痛む

胆石かも!? 早く治療すれば大事にいたらない

脂っこいものを食べたあと、右の脇腹やみぞおち付近が痛む。とはいえ、病院に行くほどではないので、とりあえず様子を見ている。こうした人は、突然、身をよじるほどの痛みに襲われて、七転八倒することになりかねない。

揚げ物などの食事をしたあとの腹部の痛みは、胆石が原因の可能性が高い。摂取した脂肪分は、肝臓から分泌される胆汁の働きで乳化され、その後、小腸で吸収される。この胆汁にカルシウムがくっついたものが胆石だ。胆汁を貯蔵する胆のうや、移動する胆管などに胆石が詰まると、胆汁を出そうとするたびに痛みを感じることになる。

胆石はまだ小さいうちに発見して治療を受けなければ、だんだん大きくなっていく。最悪の場合、胆管が完全に詰まって胆のうや胆管が破裂し、腹膜炎を起こすこともある。食後、おなかの痛みがあれば、早く消化器内科などを受診しよう。

奥歯のあたりがムズムズして、水も染みる

近々、親知らずが激しく痛む恐れあり！

親が死んでから最後に生えるのが名の由来、ともいわれる親知らず。ほかの永久歯は10代前半までにすべて生えそろうが、親知らずは極端に遅く、18歳あたりから20代前半にかけて生えはじめることが多い。

大昔、人間がまだ固いものを中心に食べていた時代には、いまよりもあごが発達しており、親知らずも正常に生えていた。ところが食生活が変わり、主に軟らかいものを食べる時代が続くうちに、あごが次第に小さくなっていく。このため親知らず用のスペースが狭くなって、うまく生えなくなったと推察されている。

親知らずが斜めに生える、あるいは半分ほど埋まっていることはよくある。こうした場合、親知らずの手前の奥歯との間に歯垢がたまりやすい。歯磨きで汚れを落とそうとしても、毛先が入るスペースがないことも多く、ほかの歯よりもメンテナンスが

数段しにくいものだ。

歯垢を除去できずにいると、虫歯や智歯（親知らず）周囲炎という炎症になりやすい。やがて歯が痛んだり、歯ぐきが腫れたりする。ひどい場合は、ほっぺたが腫れあがり、口が開けにくくなってしまう。それだけではなく、親知らずが隣の奥歯に食い込むように生えた場合は、その歯根が溶けることさえある。

こうした症状が表れる前に、親知らずが生えてきたことに早く気づき、歯科医に相談することが肝心だ。生える場所が口の最も奥にある場所だけに、症状が進行してからだと、簡単には治療できなくなる可能性もある。

食べ物が当たると少し痛む、あるいは水が染みる。痛むほどではないが、何となく奥のほうがムズムズする。奥歯のほうで、食べ物がはさまりやすくなった。疲れているときなどに、奥のほうの歯ぐきが痛む。親知らずが生えるような場所が、これまでに腫れたことがある。

こういったことが、近々、親知らずでトラブルを起こすことになる前兆だ。早くキャッチして、適切な行動に移そう。

眠っているとき、よくこむら返りが起こる

下肢静脈瘤が秘かに進行しているとそうなる

突然、ふくらはぎが収縮し、けいれんを起こして強く痛む「こむら返り」。日ごろ運動不足の人が急に運動したときや、眠っているときにいきなり起こることが多い。原因はさまざまだが、その裏に病気が隠されている場合、下肢静脈瘤になっているケースが少なくない。

下肢静脈瘤は一般的な病気で、特に50代以上の女性によく見られる。ほかには年齢に関係なく、立ち仕事の多い人、肥満気味の人、出産を経験した女性もなりやすいことがわかっている。遺伝することも多く、家族に発症した人がいる場合、注意しておいたほうがいいだろう。

下肢静脈瘤の原因は、足にある静脈弁のトラブル。足には足先から心臓へと血液を戻す静脈が走っており、昇っていく血液が逆流しないように、弁が備えられている。

こむら返りを治す方法

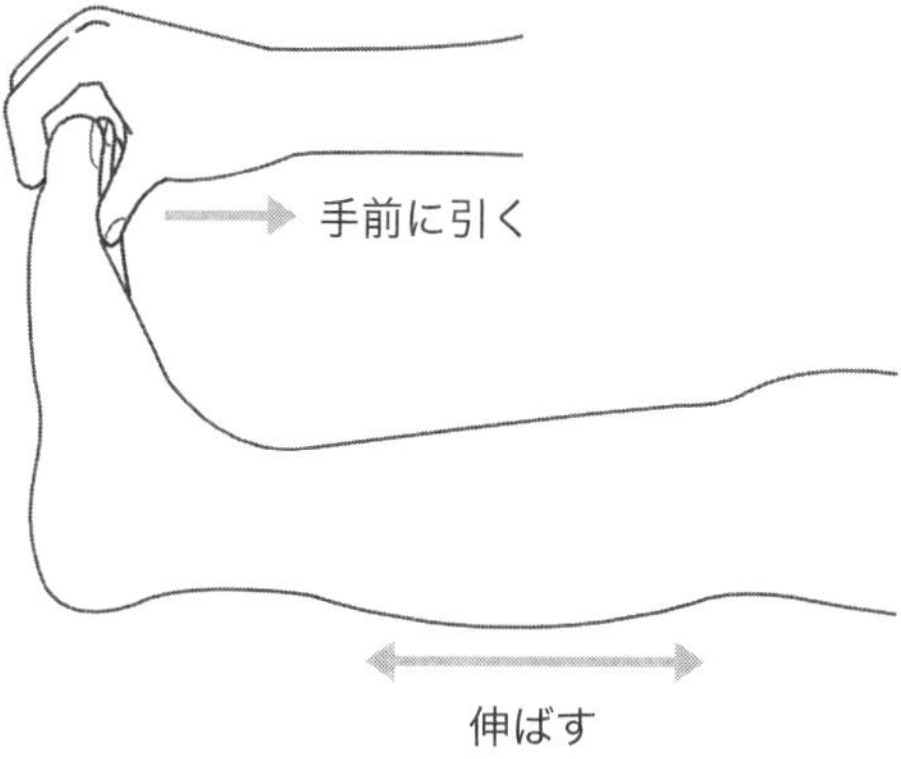

この弁が壊れて血液の流れが滞り、静脈にたまりやすくなるのが下肢静脈瘤だ。静脈に血液がたまることから、血管がコブのようにぼこぼこ膨れたり、網の目状に浮き上がったりもする。こうした症状もあれば、下肢静脈瘤の可能性は高い。

重症化はしないものの、自然に治る病気ではない。眠っている間、頻繁にこむら返りが起こると、睡眠不足になることも考えられる。やがてコブや網の目状の模様も目立つようになるので、できれば早めに専門の血管外科を受診するのがいいだろう。なお、こむら返りを起こしたときは、イラストのような処置を取れば楽になる。

かぜをこじらせたのか、鼻詰まりが妙に長引く

急性副鼻腔炎のうちに治療を！ 慢性になったら長引く

かぜをひいて微熱やせきがあり、鼻水も出た。ただのかぜだったので、数日で熱は下がり、せきも出なくなったが、鼻の症状だけが治まらない。もうかれこれ半月ほども鼻が詰まったままで、鼻水もドロッとして粘ったものに変わってきた。

こうした状態のように、鼻水や鼻詰まりが妙に長引いている場合、もうかぜをこじらせているという段階ではなく、急性副鼻腔炎という病気に移行している可能性が高い。早めに耳鼻咽喉科を受診し、適切な治療を受けるようにしよう。たかが鼻水、鼻詰まりだからと放っておくと、慢性副鼻腔炎に進行して治りづらくなり、治療に何か月もかかることになりかねない。

副鼻腔というのは、いわゆる鼻の穴のことではない。鼻の構造は意外なほど複雑で、鼻骨の周りに4か所の空洞があいており、これらを併せて副鼻腔と呼ぶ。副鼻腔炎は

かぜやインフルエンザなどの発症をきっかけとし、副鼻腔の中にウイルスや細菌が入り込んで起こる病気だ。ほかに虫歯や歯周病が引き起こすこともある。

急性副鼻腔炎になると、副鼻腔内の粘膜に炎症が起こり、入ってきたウイルスや細菌、ほこりなどを捕まえることができなくなる。その結果、炎症が進んで鼻水が止まらず、鼻詰まりも長引き、副鼻腔の中にうみもたまっていく。

この急性副鼻腔炎の段階でおかしいと気づき、適切な治療を受けると早く治ることが多い。だが、放置していると副鼻腔内の環境は悪化し、ますますうみがたまっていくようになる。こうして3か月以上、長引いたものを慢性副鼻腔炎と呼ぶ。かつて「蓄膿症」と呼ばれていたものや、原因不明の好酸球性副鼻腔炎などのタイプがある。

慢性副鼻腔炎になると鼻水がドロドロになり、のどに流れ落ちてタンがからみ、匂いもわかりにくくなってしまう。ひどい鼻詰まりによって集中力も低下し、睡眠障害が起こることもある。鼻の中に「鼻たけ」というポリープができると、除去するために手術も必要だ。副鼻腔炎は急性で止めるのが肝心。症状が悪化する前に、治療を開始できるようにしよう。

赤ちゃんにおっぱいをあげても機嫌が悪い

母乳があまり出ていない可能性あり

おっぱいをチェックすると、ちゃんと母乳は出ているように思える。にもかかわらず、赤ちゃんの機嫌が悪い、あるいはもうおしまいね、と離そうとしても吸いついたまま。こうした状態が多いのなら、もしかしたら、自分で思っている以上に母乳は出ていない可能性がある。母乳だけで大丈夫だろうか……と不安になるかもしれないが、ひとりで悩まないようにしよう。

母乳が足りない場合、ほかにも赤ちゃんが発するサインがあり、おしっこの回数が少なく、うんちも毎日は出ない、といったことが少なくない。これらの兆候も見られ、気になるようなら、1か月検診を待たずに助産師や産婦人科にアドバイスを求めよう。体重測定をすれば、赤ちゃんの成長具合がほぼわかる。増加の目安は1日30g前後。その数字をもとにして、授乳計画を進めるのがいいだろう。

車が故障する前兆

バッテリーの劣化をはじめ、
トラブルを起こす前に、
車は必ず「悲鳴」を発する。
よく耳を澄ませば、
キャッチできるはず！

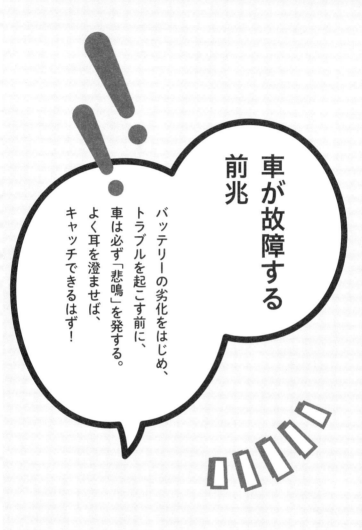

車の乗り心地が悪く、ハンドルも取られる

空気圧低下でタイヤがバースト寸前かも！

車を運転していると、何だか妙にハンドルを左右に取られてしまう。こういったときは走り続けてはいけない。できるだけ早く安全な場所に停車して、タイヤの状態を確かめるようにしよう。

タイヤのトラブルといえば、パンクが真っ先に頭に浮かぶだろう。穴があくとあっという間にペチャンコになるイメージがあるかもしれないが、実際には空気は少しずつ抜けていく。完全に抜けるまで、短い場合でも1分程度、長ければ数分はかかるので、早い段階でふらつきに気がつけば、安全を確保することは十分できる。

ハンドルを取られたらあわてるかもしれないが、決してブレーキを一気に踏み込んではいけない。アクセルから足を離し、エンジンブレーキによって少しずつ速度を落とし、停車するようにしよう。

パンク以外に疑うべきなのは空気圧の低下だ。空気圧が低過ぎる状態で高速走行を続けると、最悪の場合、バーストすることがある。パンクは徐々に空気が抜けていくが、バーストはまったく違う現象だ。タイヤの接地面の後ろ側が波打つ「スタンディングウェーブ現象」が発生。タイヤの形状を保つための補強材が壊れ、いきなり大きく裂けてしまう。高速道路で起こりやすいので、大惨事になる可能性が高い。

スタンディングウェーブ現象が起こったら、ハンドルを取られるだけではなく、車体が小刻みに振動するようになる。こうなったらバーストの前兆だと考え、すぐに路肩に移動しなければならない。

振動があっても走り続けていると、さらに大きく揺れ動くようになり、タイヤのゴムが焼ける臭いがすることもある。ここまで悪い状況に陥らないうちに対処することが重要だ。

パンクするかどうかは運のようなものだが、空気圧低下によるバーストは、タイヤの空気圧を1か月に1回程度チェックすれば避けられる。特に高速道路を走行する場合は、事前にチェックしておくようにしよう。

赤信号で停車中、ヘッドライトが妙に暗い

バッテリー上がりの前兆。エンジンがかからなくなる！

車に乗ってエンジンをかけようとしたら、全然かかる気配がない。昨日まで問題なく乗れたのに……。バッテリーが寿命を迎えたら、こういった歓迎できない事態が起こる。舌打ちをしたくなるかもしれないが、事前に何らかの前兆があったはずだ。

車になくてはならないバッテリーは、電気を貯めておくことのできる装置。メーカーの保証期間は2～3年程度で、この期間が過ぎる前に交換するのが一般的だ。しかし、交換するのをうっかり忘れて、その後も乗り続けていた。あるいは、駐車中にたびたびライトをつけっ放しにしていた。または、バッテリーの負担が大きくなる〝ちょい乗り〟が多かった。こういった乗り方をしていた場合、交換する前にバッテリーが寿命を迎えることがある。

バッテリーが劣化していることを示す前兆で、最もわかりやすいのは、停車中のヘ

ッドライトの明るさだ。夜間、走行中に信号待ちなどで止まった際、ライトがちょっと暗くなったような気がしたら要注意。バッテリーがそろそろ働かなくなる可能性がかなり高い。

停車してエンジンの回転数が下がると、発電機があまり作動しなくなるので、バッテリーの電力を持ち出してライトの明るさを保つことになる。このとき、バッテリーが劣化していると、十分な明るさをキープできなくなるのだ。

停車中、ライトが暗いなと思ったら、ギアをパーキングに入れてアクセルを軽く踏み、エンジンの回転数を上げてみよう。これで明るさがアップするのなら、バッテリーが寿命を迎える寸前になっている可能性が高い。

ただし、これは最も一般的なハロゲンタイプのライトに限って見られる前兆。ほかのタイプのライトでは、バッテリーの劣化が明るさに直結することはほとんどないので、愛車のライトについて確認しておこう。

バッテリーはいったん劣化がはじまったら、どんどん悪くなっていく傾向がある。エンジンがかからなくなって困り果てる前に、早く交換するようにしよう。

パワーウインドウがのんびり作動する

バッテリーが寿命を迎える直前の可能性が！

車の窓を開け閉めするパワーウインドウの動作が、以前よりも鈍くなってきた。こうした場合、まずはバッテリーの劣化を疑おう。パワーウインドウの開閉には、多くの電力を必要とする。このため、バッテリーが寿命を迎える少し前になると、スムーズな開閉ができなくなってしまうのだ。ほかにも、停車中にヘッドライトの明るさが低下する、エンジンのかかりが悪いといったほかのサインが見られることも多くなる。早めにバッテリーを交換しよう。

パワーウインドウのトラブルの原因としては、開閉するためのモーターの故障、モーターの動力に関連するレギュレーターの不具合、ガラスを挟み込むゴム部分のガラスチャンネル劣化など、ほかにもいくつか考えられる。バッテリーが原因ではない場合、専門の業者に点検を依頼するようにしよう。

ブレーキをかけると「キー」と音がする

早くブレーキパッドを交換しないと大惨事に！

自転車に乗っていて、ブレーキをかけると「キー」と音がする。これはよくある話で、油切れなどの単なる整備不良だ。しかし、自動車を走行中、ブレーキをかけるたびに耳障りな金属音が聞こえた場合、放っておいてはいけない。

多くの車種では、ディスクブレーキの重要部品であるブレーキパッドが摩耗したら、「キー」「キリキリ」といった金属音を発して、交換どきを知らせる仕組みになっている。この音が聞こえたら、早く業者に点検と整備を依頼しよう。早い段階なら、ブレーキパッドの交換だけで済み、それほど高くはつかない。

金属音が聞こえても、そのまま乗り続けていると、ディスクへのダメージが大きくなっていく。ひどく悪化すれば火花が生じ、最悪の場合、火災を引き起こす可能性さえある。ブレーキの金属音は車の〝悲鳴〟。放っておくのは禁物だ。

窓を開けて走ると変な音が聞こえる

要注意！故障の前兆で最も多いのが異音

車の故障は突然起こると思っている人は多いかもしれない。しかし、大きなトラブルが発生する前に、車はたいていの場合、何らかのSOSを発している。その前兆となるのが、新車のときには聞こえなかった異音だ。

たとえば、「キュルキュル」という異音がした場合、エンジンなどに使われているファンベルトなどのベルト系の異常が考えられる。「カリカリ」「キンキン」「カンカン」といった金属音なら、オーバーヒートになりかけて、エンジンが大きなダメージを受けている可能性が高い。

車が発するこうした異音は、窓を閉めてエアコンを使っていると聞こえにくい。トラブルを未然に防ぐには、暑くもなく寒くもない季節はもちろん、夏や冬でもときどき窓を開けて走らせ、故障の前兆である音に耳を澄ますようにしよう。

運転中にこんな音が聞こえたら

キュルキュル

ファンベルトの滑りが悪くなっている可能性がある。エンジンの回転数を上げると、音がより高くなるなら、その可能性は一層高まる。

カリカリ、キンキン、カンカン

こうした金属音が聞こえたら、冷却水の不足によるオーバーヒートの可能性が高い。すぐに停車して業者を呼ぼう。

ゴロゴロ、ガラガラ

アクセルを踏んだときにこう聞こえる場合、エンジンオイルが不足しているのかもしれない。

ゴーゴー

動力伝達系のトラブルで、ベアリングやギアが劣化、破損している可能性がある。

バラバラ

マフラーが破損して、排気音が大きく聞こえている可能性がある。異臭があれば、排気ガスが漏れているので、早めに整備を依頼しよう。

自転車のペダルを踏み込むと「ガコッ」と変な音が

チェーンが伸びている。外れれば横転して事故に！

ブレーキをかけるときの「キー」、ペダルをこぐときの「ギシギシ」。あまりメンテナンスされていない自転車に乗ると、いろいろな音がするものだ。こうした異音のなかでも、放っておくと危険な目にあう可能性が高いのが、ペダルを踏み込んだときに「ガコッ」と妙な音がする場合だ。

この音がするのは、チェーンが劣化して伸びてしまい、ギアへの引っかかりが悪くなった証拠。チェーンの寿命が近いことを示す前兆と考えていい。そのまま乗り続けていると、走行中にチェーンが緩んで、いきなり外れてしまうこともある。

こうなるとペダルが空回りして、バランスを非常に崩しやすい。体勢を立て直すことができなければ横転し、大きな事故につながるかもしれない。踏み込んだときの「ガコッ」は危険のサイン。放置しないで自転車店でチェックしてもらおう。

ペットの異変を知らせる前兆

動物はしゃべれないので、
病気やトラブルが起こっても、
飼い主に伝えられない。
日ごろから観察して、
早く見つけてあげよう。

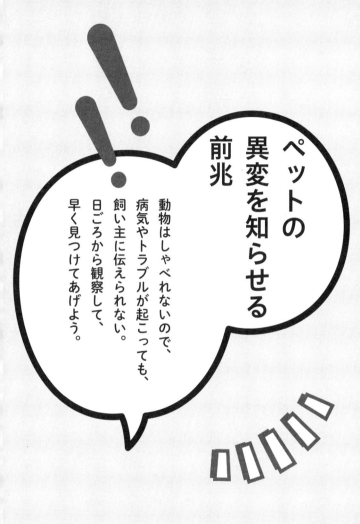

イヌがこっちを見て尻尾を振っている

警戒しての行動なら、攻撃される可能性も！

公園でイヌの散歩中、同じように散歩している人と出会った。向こうのイヌはこちらを見て、尻尾を振っている。つい、「かわいいですね」と頭をなでようとすると、そのイヌは「ウ〜」と唸って、いまにも噛みつきそうに身構えた。

こうしたケースは、じつはありがちなことだ。イヌが尻尾を振っているのは、「うれしい」からだと広く思われているようだが、じつはそういったプラスの気分ではないことも少なくない。興奮して警戒していることもあり、こうした場合、不用意に近づくと攻撃されるかもしれない。

尻尾を振っているからといって、イヌが喜んでいるという保証はない。尻尾の位置や勢い、口元や耳の状態、そのときの状況などを考え合わせ、イヌの気持ちを推し量るようにしよう。ほかのイヌに触れたい場合は、まずオーナーに聞くのが無難だ。

尻尾で知るイヌの気持ち

＊あくまでも目安。イヌの種類や個性、そのときの状況によって変わる

勢いで気持ちを推し量る

尻尾を
勢いよく振る
▼
うれしくて
喜んでいる

尻尾を
ゆっくり振る
▼
不安な気持ち。
警戒している

位置で気持ちを推し量る

高い位置で降る
▼
とてもうれしい

低い位置で振る
▼
ちょっと不安

もっと
低い位置で振る
▼
警戒している

尻尾を
後ろ足の間に隠す
▼
強い不安があって
おびえている

イヌがやたらとあくびをする

眠いのではなく、強いストレスを感じているのかも

イヌは人間に負けないほど、あくびをすることの多い動物だ。人間と同じように、ただ眠いときにあくびをすることもよくある。

また興味深いことに、周りのあくびが移ることも少なくない。これは人間によく見られる感情を共有しようとする行動で、イヌの場合は身近な存在である飼い主のあくびが移りやすいといわれている。

こうした問題のないあくびは多いが、なかには気になるものもあるので、飼い主としては日ごろからよく観察するようにしよう。

飼い主として注意したいのは、「カーミングシグナル」としてのあくびだ。「カーミング」とは「落ち着かせる」という意味。自分が落ち着こう、周りに落ち着いてほしい、という意味から行われるボディランゲージの一種だとされている。

カーミングシグナルとしてのあくびは、不安や緊張など、何らかのストレスが原因となることが多い。

例えば、飼い主に怒られて気分がふさぐ。知らない場所に連れていかれたので不安。やりたくないことをしなければいけない。散歩中、苦手なイヌが前から近づいて来て怖い。知らない人が近くに来て、自分をじっと見ているのでやめてほしい。

こうした状況になったとき、イヌは「嫌だな」と感じて、その気持ちをあくびという目に見える形で表現するのだ。ストレスからくるあくびだと判断したら、その原因となっている不安や緊張のもとを解消してあげるようにしよう。

強いストレスにさらされ続けると、体調を崩しやすくなるのは人間もイヌも同じ。リラックスできるように整えてあげるのは、飼い主の大きな役目だ。

なお、あくびには何らかの病気が隠されている場合もある。特にストレスを感じている様子もないのに、生あくびの回数が増えた、口臭がきつくなった、あごががくがくふるえている、何となく体調が悪そう。こういった場合は、早めに動物病院でチェックしてもらったほうがいいだろう。

イヌが近ごろ、いびきをかくようになった

肥満やアレルギーなどのサインの可能性が

イヌも眠っている間に、いびきをかくことがある。いびきとは、呼吸によって空気が気道を通る際、のどが震えることによって起こる音のことだ。いびきをよくかいていても、以前から同じような音や頻度なら問題はない。しかし、急にいびきをかくようになった、あるいは音が大きくなった、または起きているときもいびきのような音がする、といったときは何らかの異常が隠されている可能性がある。

気になるいびきの原因のひとつは肥満だ。のどの周りに脂肪がつき、気道が細くなるといびきをかきやすくなる。また、アレルギーで呼吸器の粘膜が炎症を起こし、気道が狭くなったことも考えられる。鼻炎やくしゃみがあるなら、アレルギーの可能性が高いので、早めに動物病院で相談しよう。ほかには口腔内や鼻腔などの腫瘍も考えられ、この場合は口や鼻からの出血、鼻水、くしゃみなども起こりやすい。

イヌが前足や後ろ足でしょっちゅう耳をかく

外耳炎かも。悪化して中耳炎になる前に受診を

イヌは前足や後ろ足を器用に使って、よく体をかく。通常は問題ないが、あまりにもしきりにかいているようなら、何らかのトラブルがあると考えよう。

かく場所が耳の近くばかりで、毛が抜けて皮膚が見えるようになる。加えて、ときには頭をぶんぶんと強く振る。こういった場合は、耳のトラブルである外耳炎を疑おう。足が耳まで届かない場合は、首のあたりを後ろ足でかくので、耳のトラブルだと気づきにくい。症状が進行したら、耳の中から臭い粘液性の分泌物が出てきて、耳の周囲の毛が汚くなり悪臭も放つようになる。

耳の近くをよくかく段階で気づいて、早く治療をはじめるようにしよう。早期発見、早期治療をした場合、薬をつけるだけで治ることも多い。発見が遅れた場合、慢性化して中耳炎に進行し、より症状が重くなることもあるので要注意だ。

大人のイヌの歯が抜けた

子イヌでないのなら、歯周病の可能性が大

イヌの歯が抜けても、3か月齢から7か月齢程度の子イヌなら心配はない。人間と同じで、乳歯から永久歯に生え変わっただけだ。順調に成長しているひとつの証拠なので、むしろ喜ばしいことだといえる。

だが、成犬の歯が抜けたのなら要注意。歯垢や歯石がたまって細菌が繁殖し、歯周病になった可能性が高い。歯周病が進行したら、歯が抜けるだけではなく、あごの骨が溶けることもある。さらに悪化すれば、細菌が血管に入って全身を巡り、心臓や腎臓などにも悪影響を与えてしまう。免疫力の落ちている老犬の場合、歯周病から内臓疾患を引き起こし、寿命を縮めることになりかねない。

歯周病は恐ろしい病気なのだ。人間同様、日ごろから歯磨きを心がけて、歯垢や歯石のない清潔な歯と口にしてあげよう。

イヌの歯磨きの進め方

どのステップでも、我慢できたら、ほめたりごほうびをあげたりしよう。

① 口の周りを触る

最初のうちはしつこくしないで、少しずつならしながら時間を長くするのがポイント。

② 歯や歯ぐきを触る

口唇をめくって、歯や歯ぐきを指で直接触ってみる。すでに歯周病が進行しており、触ると痛がる場合は、早めに動物病院に相談しよう。

③ 口の中に指を入れる

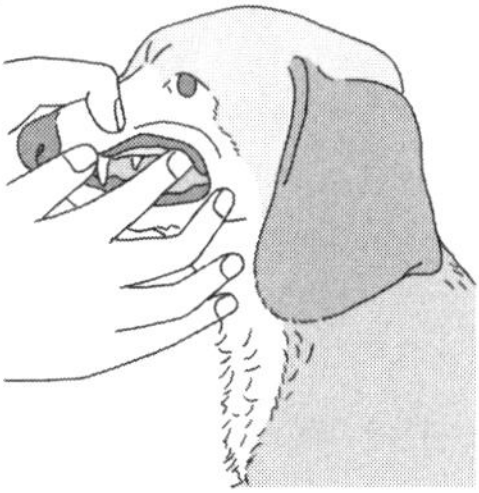

歯ぐきを触りながら、奥歯のほうに動かしていく。

④ ガーゼで歯を磨く

濡れたガーゼやコットン、歯磨きシートなどで歯を磨く。

⑤ 歯ブラシで歯を磨く

湿らせた歯ブラシで歯を磨く。前歯からはじめて、慣れてきたら奥歯へと進む。

イヌがよだれを大量に垂らす

歯周病が進行しているか、てんかんのサインかも！

人間がよだれを垂らしながら歩いていたら驚くが、イヌならごく当たり前。特に問題はないことが多いのだが、ときには裏に病気が隠れているケースもあるので注意が必要だ。病気が原因の場合、歯周病になっていることがよくある。ぬめりのあるよだれを垂らす、あるいは嫌な口臭がするようなら、その可能性が高い。

また、脳神経にトラブルが発生したときには、てんかんの前兆としてよだれを大量に垂らす。この場合は口角が下がる、口角の位置が左右で違う、顔面が右側だけ、あるいは左側だけ動く、いろいろな反応が鈍くなるといった傾向がある。

よだれの垂らし方が気になるようなら、動物病院で診察を受けよう。診断の助けになるように、ひどいときの様子をスマホの動画で撮影しておくといいだろう。

イヌが散歩を嫌がるようになった

椎間板ヘルニアのサインで、痛くて歩きたくないのかも！

イヌは散歩が大好き。一般的にこう思われているようだが、じつは散歩を嫌がるケースも少なくない。理由としては、首輪やリード自体が嫌い、引っ張られるのが気に入らない、好きなことができない、外の世界が怖い、といったことがあげられる。

ただし、最近になって散歩を嫌がるようになった場合は別だ。老犬で体力が衰えたのでないのなら、椎間板ヘルニアを発症した可能性がある。椎間板ヘルニアとは、脊椎と脊椎の間にある椎間板の位置が動き、脊髄を圧迫している状態のことをいう。特にイヌのなかでも、ダックスフンドやコーギーなど、「軟骨異栄養性犬種」といわれるタイプは、若いときに突然発症することがあるので注意が必要だ。

散歩嫌いに加えて、足を引きずるように歩く、背中を触ると痛がるといったこともある場合、一層疑われる。手術が必要なこともあるので、早く動物病院に行こう。

イヌが散歩のときに呼吸が激しくなった

危険な熱中症を起こす前兆の可能性が大！

最近、夏は必ずといっていいほど猛暑が続き、熱中症で病院に搬送される人が後を絶たない。暑さに弱いのは、イヌも人間と同じ。いや、それ以上なので、夏の健康管理には十分注意しなければならない。

イヌが暑さに弱いのは、汗をほとんどかくことができないのが理由のひとつ。暑くなると、口を開けて「ハァハァ」と荒い呼吸をして体温を下げようとするが、その効果は微々たるものだ。

暑い日、イヌがいつも以上に呼吸が荒く激しくなったら、熱中症を疑うようにしよう。この時点で適切な対処をすれば、深刻な状況に陥ることはないだろう。熱中症の症状が進行すると、イヌは急に元気がなくなる。このサインに気づかないで放置しておくと、やがて舌や歯ぐきが青くなっていく。これは血液中の酸素不足から引き起こ

イヌが熱中症になったサイン

危険度 I

呼吸が普段よりもずっと荒くなる

すぐに涼しい場所に移動。水を飲ませて、荒い呼吸が収まるか様子を見る。

危険度 II

元気がなくなる

大量のよだれを垂らす場合もある。体が冷えるように、冷たいタオルで体を包むなどの処置を取る。

危険度 III

舌や歯ぐきが青くなる

チアノーゼになったら緊急事態。体を冷やしつつ、すぐに動物病院に行って診察を受ける。

される「チアノーゼ」という症状だ。極めて危険な状態で、早急に治療しないと、多臓器不全を起こしてしまうこともある。

　熱中症のサインをキャッチしたら、シャワーをかける、冷たい水を浸したタオルで体を包む、血管が体表近くを通っている脇や首、内腿などに保冷剤を当てて冷やすといった応急処置を施そう。そのうえで、動物病院の治療を求めるのがベストだ。

　イヌを熱中症にさせないためには、夏場の散歩は太陽がかげってから、コンクリートの上などにつながない、暑い日は車の中に置き去りにしない、などのことを心がけ、体温を異常に上昇させないようにしよう。

ネコが尻尾を振って大喜びの様子

イヌとは違って不機嫌のサインなので要注意

尻尾で気持ちを表現するといえば、イヌの専売特許のように思う人がいるかもしれない。しかし、じつはネコも尻尾で感情を表すことが得意。バリエーションという点では、イヌよりもネコのほうが多いかもしれない。尻尾がどういった状態なら、どういう気持ちになっているのかを知っておけば、可愛いネコとより深いコミュニケーションを取れるだろう。

例えばイヌの場合、主に喜んでいるときには、尻尾を左右に振ることが多い。ネコもしばしば、左右にパタパタ振ることがある。とても機嫌が良さそうだと思いたくなるが、まったく逆。こういったときにはあまり近づかないほうがいい。

ネコが尻尾を振っているときは、「ああ気分が悪い。こっちに寄らないで」という意思表示なのだ。かまってもらいたくないと思っているので、なでたり触ったりするのはやめておこう。眠っているときになでたときなど、尻尾を強く振って、床にパンパン打ち当てることもある。こうした場合は相当不機嫌になっているので、一緒に遊びたくても気持ちが落ち着くまで待とう。

機嫌が良くて、遊んでもらいたいときには、ネコは尻尾をピンと立てて近寄ってくる。これは「かまって、かまって」というサインなので遊んであげよう。ほかのネコ同士で近づき合うときにも、尻尾を立てるポーズはよく見られる。仲間との挨拶というコミュニケーションの方法でもあるようだ。

横になってのんびりしている状態のとき、離れたところから名前を呼ぶと、尻尾を左右に小さく振ることもよくある。これは「はいはい」といった生返事のようなもの。わかっているけど、あまり積極的に動く気はないよ、という意思表示だ。

尻尾を股の間に挟むときは、何かを恐れておびえている証拠。目の前の相手に対して、「わたしの負け」というサインでもある。

ネコの尻尾はいわば口ほどに物を言うので、いろいろな動かし方と気持ちの表現を知っておこう。

ネコがさっきトイレに行ったのに、また行く

泌尿器系疾患の可能性が大。重症化する前に受診を

ネコがトイレに行っても、おしっこがなかなか出ない様子。短い時間のうちに、何度も出たり入ったりを繰り返す。こうした場合、危険な病気のサインだと考えて、早めに動物病院に連れて行こう。

尿の出方が悪くなった場合、尿道炎や膀胱炎、尿路結石といった泌尿器系の病気になっている可能性が高い。特にオスネコの場合、メスネコよりも尿道が狭いため、結石が詰まりやすくて非常に危険だ。

トイレに頻繁に行くだけではなく、食欲がなく、嘔吐もあるようなら一刻を争う。尿道閉塞を起こして、尿が出ない状態になっていることが考えられる。急性腎不全によって死ぬ場合もあるので、急いで治療を受けなければいけない。トイレでの様子がおかしくないか、普段からよく観察するようにしよう。

ネコを車に乗せて走っていると泡を吹いた

パニックになったか車酔い。落ち着くまで休憩を

ネコと一緒に遠出したいと思って、キャリーバッグに入れて車に乗せたところ、ほどなく暴れ出した。どうしたものかと様子を見ていると、泡を吹いて嘔吐した。こういった事態になるのはそれほど珍しくない。

じつは、ネコは車にかなり弱い。縄張り意識が強いことから、見知らぬ場所に連れて行かれることに、強いストレスを感じてしまうのだ。特に室内飼いのネコの場合、ストレスをより強く感じてパニックになりやすいといわれる。

ネコは車酔いをすることもある。移動中、あくびやよだれが多くなり、落ち着きのない様子になって弱々しく鳴く。このような場合は車を止めて、ネコが落ち着きを取り戻すまで休憩しよう。車に乗る経験がないと、パニックや車酔いになりやすいので、普段からときどき、ごく短時間のドライブに慣れさせるのがおすすめだ。

ウサギがぐったりして体が熱い

これは危険な熱中症！ 早く気づいて動物病院へ

夏、外出から帰ると、ケージの中にいるウサギが何となく元気がなく、ちょっとぐったりしているようにも見える。こうしたとき、ウサギも夏バテをするのか、などと軽く考えてはいけない。夏バテではなく、死に直結する熱中症のサインだ。

ウサギは暑さに非常に弱い。夏の日中、室温が30℃を超えるような暑さのなかでは、体温が急激に上昇して簡単に熱中症になってしまうのだ。ぐったりして倒れているのなら、すぐに動物病院で治療を受けなければいけない。最悪の場合は多臓器不全や血液凝固不全などで死んでしまう。大事にいたらなくても、腎不全などの深刻な後遺症が残ることが少なくない。

ウサギの健康を保つには、夏はエアコンをつけっ放しにして、20～24℃程度の室温を保つようにしよう。車で移動するときも、車内に置き去りは禁物だ。

ウサギがかわいいくしゃみをする

上部気道の感染症かも。早く抗生物質で治療を

クシュン、クシュンとウサギがかわいいくしゃみをする。一時的なものなら、エサの牧草やペレットの粉が鼻や口に入り、ムズムズして起こることが多い。しかし、食事が終わってしばらくたっても、まだくしゃみをしているのなら問題だ。

長引くくしゃみは、スナッフルと呼ばれる上部気道の病気になったサインの可能性が高い。原因で多いのは、パスツレラという細菌の感染だ。粘液性の鼻汁が出るのが特徴で、不快感から前足でこすることが多い。鼻の周囲や前足をチェックして汚れていたら、この病気と見てまず間違いないだろう。

スナッフルは放っておくと慢性化し、呼吸困難によって命の危険に陥ることもある。抗生物質で治療できるので、早めに動物病院を訪ねよう。

冬になると、インコがふっくらしてかわいい

寒がっている証拠。病気になる前にすぐに温める

インコが羽毛をふくらませて丸まっている。何だかかわいい姿だが、おもしろがっていてはいけない。ずっとそのままの状態なのか、様子を観察するようにしよう。

羽毛をふっくらふくらませていても、ほどなくもとの状態に戻るのなら、特に心配する必要はない。眠くてうつらうつらしているときなど、一時的にふくらむのはよくあることだ。しかし、長い間、ふくらんだままなら、羽毛の中に空気を送り込んで、体を温めているのだと考えたほうがいい。寒がっている証拠なので、すぐに暖房を入れて部屋を暖めてあげよう。この場合、風が当たると嫌がるので、ファンヒーターなどは直接向けないのがポイントだ。

部屋が暖まってもふくらんだままなら要注意で、何らかの病気になっている可能性が高い。悪化しないうちに、早く動物病院に連れて行って治療してもらおう。

【主な参考文献】

□『氷食症に関する文献的考察』(廣瀬知二)
□『泡立ち油の再生法の検討』(太田静行・奥平 巌)
□『雷から身を守るには―安全対策Q&A―』(日本大気電気学会編)
□『目の健康チェックシート成人版』(公益社団法人 日本視能訓練士協会)
□『目と健康シリーズNo.26』(監修・堀貞夫)
□『自分で探す病気のサイン』(監修・関西医科大学/毎日新聞出版)
□『放っておくとこわい症状大全』(秋津壽男/ダイヤモンド社)
□『健康の基準』(鈴木隆雄/小学館)
□『もの忘れをこれ以上増やしたくない人が読む本』(松原英多/講談社)
□『NHKためしてガッテン 食育!ビックリ大図典』(北折一/東山出版)
□『NHKガッテン!脳の老化を防ぐ食べ方、暮らし方』(主婦と生活社)
□『イヌ・ネコ ペットのためのQ&A』(編著・公益財団法人 動物臨床医学研究所/パイインターナショナル)
□『愛犬のお医者さん』(川口國雄/実業之日本社)

【主な参考ホームページ】

■文部科学省…いじめのサイン発見シート
■農林水産省…ジャガイモによる食中毒を予防するために
■厚生労働省…アニサキス食中毒に関するQ&A/DV・児童虐待はすぐに相談を
■政府広報オンライン…土砂災害から身を守る3つのポイント
■国土交通省…特集「雨の国・日本に暮らす」
■気象庁…急な大雨や雷・竜巻から身を守るために
■第九管区海上保安本部海洋情報部…離岸流
■東京都福祉保健局…「虐待かな?」と思ったら
■釧路市…漏水調査の取り組み
■名古屋大学宇宙地球環境研究所…電波50のなぜ
■日本医師会 健康の森…バセドウ病

■全日本民医連…睡眠時無呼吸症候群 突然死につながることも
■日本皮膚科学会…皮膚科Q&A メラノーマ
■国立がん研究センター…悪性黒色腫 基礎知識
■国立循環器病研究センター 循環器病情報サービス…意外に多い家族性高コレステロール血症／睡眠時無呼吸症候群と循環器病
■口腔がん撲滅委員会…こんな症状が実は病気のサイン？
■日本冷凍食品協会…冷食ＯＮＬＩＮＥ・冷凍の世界 〜冷凍食品の新常識〜
■中野区医師会…耳たぶのしわは危険なサイン？
■ＮＨＫ…そなえる防災・竜巻から身を守るには／土砂災害の前兆を知って命を守ろう
■ＮＨＫ健康ch…多発性骨髄腫とは？ 特徴や症状を解説／うつ病の治療の基本とは？／「痛風」最善の対処法 痛風発作や痛みの和らげ方・治療・薬について
■ＡＥＲＡ ｄｏｔ…左右の目で見え方が違う？ 失明原因にもなる加齢黄斑変性かも
■ヨミドクター…あなたの健康百科 byメディカルトリビューン
■日経ヘルスＵＰ健康づくり…シミががん化も 見逃すな、皮膚からの警告／こむら返り、よく起こる人ご用心
■日系ビジネス…アキレス腱を見ればわかる！ あなたはコレステロールが高い？ 低い？
■ＤＩＭＥ…故障？ それとも寿命？ 電子レンジの買い替え時期の見極め型と長持ちさせるメンテのコツ
■月刊ＳＰＡ！…テレビ、洗濯機、冷蔵庫は何年で買い替えたほうがお得
■ＤＩＡＭＯＮＤ ｏｎｌｉｎｅ…「うつ」の人に現れる「意外な体の不調」とは？／「油ものを食べたときだけ右わき腹が傷む」がヤバい理由
■ＰＲＥＳＩＤＥＮＴ Ｏｎｌｉｎｅ…長引く腰痛は「脳の働き低下」という科学的根拠
■ｗｉｔｈ ｏｎｌｉｎｅ…老け顔の原因〝目の下のクマ〟解消法！
■Ｄｏｃｔｏｒｓ Ｆｉｌｅ…一過性脳虚血発作／しゃっくり（吃逆）／バセドウ病／親知らず／瘤状に膨れた血管、こむら返り 足の悩みは下肢静脈瘤専門医へ／痛風の症状と治療法／慢性副鼻腔炎／突発性難聴
■レジデントノート…氷をバリバリかじる人は病気？
■セコム…家庭の防犯対策
■ＡＬＳＯＫ…ＨＯＭＥ ＡＬＳＯＫ研究所・防犯
■ＤＡＩＫＩＮ…室内機から変わった音がする（ルームエアコン）
■日立…電子レンジ

■ミズテック…給湯器の異音(うなり音・汽笛)を放置すると危険!故障の判別と対処方法を解説
■ライオン…歯とお口のケア:ハブラシ・用具
■LION PET…犬の歯磨きの慣らし方。6ステップのトレーニングで愛犬も歯みがき好きに変身!
■サンスター…サンスターがお教えします!歯ブラシの交換時期、選び方、消毒方法
■資生堂 watashi+…目の下&ほおのたるみの原因と対策!見た目年齢を若々しく
■花王 猫の生活事典…乗り物での愛猫とのお出かけ
■すまいるナビゲーター…統合失調症ABC
■統合失調症ナビ…症状を知る
■日清オイリオ's キッチン…疲れた油の見分け方
■相談e-65.net…軽度認知症障害(MCI)を知る
■タカノフーズ…賞味期限について
■nojima…家電小ネタ帳
■パラマウントベッド…加齢黄斑変性は自己チェックで早期発見
■ふとんのつゆき…睡眠環境・寝具指導士のワンポイントアドバイス
■和くら…お箸の寿命~買い替えのタイミング
■ビーナスベッドライブラリー…気になる!ベッドのきしみとは?きしみ音の原因から対策まで解説
■天然無垢材の家具|atelier rêve|…マットレスの寿命はいつ?買い替え時のチェックポイント!
■松竹タオル店…タオルの寿命(交換時期)
■桶川工業…水漏れの前兆を発見するポイントをお教えします!
■NTTiF…ハンドルを取られる・ハンドルがぶれる
■メンテク 自転車MENTEX…自転車から異音がするときは(異音からトラブルを推測する)
■ユニフォームタウン…タオルの寿命っていつ?捨て時の目安や長持ちさせるコツも紹介
■シロアリ1番!…羽アリを見つけたら取るべき行動まとめ
■三協住宅サービス…お家の中の蜂の巣に注意!
■暮らしニスタ…冷蔵庫の寿命は何年?平均や症状についてご紹介
■sippo…犬のしつけ/うさぎの夏バテ対策

■Pet News Storage…しっぽで知るイヌの気持ち／犬のいびきは病気かも？その理由と対処法／熱中症は愛犬の命を瞬時に奪う！病気のサイン、対策、応急処置を知っておこう
■みんなのペットライフ…犬のよだれは病気のサイン？考えられる原因と対処法について
■アクサダイレクト いぬと暮らす、ねこと暮らす…獣医さんに聞く！犬の椎間板ヘルニア 原因・予防法・治療法／犬がかかりやすい病気「外耳炎」の原因って？正しい予防と治療方法
■大日本住友製薬…肝臓病のかゆみの原因
■経口補水液OS1…気づきにくいお年寄りの脱水状態
■医療法人 和楽会…新しい心の病にかかる人が増えています／体重増加を伴ううつ病
■新宿AGAクリニック…薄毛豆知識／貧血で薄毛になる？知っておきたい原因と対策方法
■製鉄記念八幡病院 せいてつLab…「血糖値スパイク」健康診断では見落としがちな血糖値の異常
■品川スキンクリニック美容皮フ科…クマでお悩みの方へ
■ピカラダ…目の異変はバセドウ病のサイン⁉その原因や治療法は
■がんサポート…繰り返す口内炎。がんの原因になる？
■Weathernews…雪山に潜む危険「雪崩」自分で出来る3つの対策
■E・レシピ…賞味期限切れの納豆は食べられる？危険サインと上手な保存方法を紹介！
■All About…身近な人のストレスケア／タオルに黒ずみが出たら捨てるタイミング？タオルの捨て時や洗濯方法／風呂リフォームの時期を知る、7つのサインと損得勘定／外壁塗装リフォームのお得なタイミングの見極め方／車のバッテリーの寿命の見極め方／枕の跡が消えない！それは加齢たるみのサイン／たるみの種類・原因・対策／母乳が出ない・出る
■LIVINGくらしナビ…医療ライター小川留奈のききみみ頭巾
■Medeicalook…何もないのに転ぶ…。ヘルニア？変形性股関節症？つまずきで知る疾病
■毎日が発見ネット…肌がガサガサ・白い粉をふいている人は要注意！ただの肌荒れではなく「皮脂欠乏症」かも
■グーネット…タイヤバーストの原因は？前兆と予防法、起こったあとの対処法を開設／自動車から変な音！車の異音と不調の原因、その対策を徹底解説！
■AutoMesseWeb…クルマが発するSOS信号／放っておくと大事故の危険も！ブレーキの鳴きの原因と対策5つ
■glasstyle…クルマのエンジンから異音が聞こえる？その原因と対処法を解説
■シューズラボ…靴のかかとのすり減りが、体のゆがみやケガに影響するって本当？
■外装塗装コンシェルジュ…時間差で雨染みができる？もっと前から雨漏りは始まっていたかも

本文デザイン／青木佐和子
本文イラスト／竹口睦郁
編集協力／編集工房リテラ（田中浩之）

青春新書
PLAYBOOKS

人生を自由自在に活動《プレイ》する

人生の活動源として

いま要求される新しい気運は、最も現実的な生々しい時代に吐息する大衆の活力と活動源である。

文明はすべてを合理化し、自主的精神はますます衰退に瀕し、自由は奪われようとしている今日、プレイブックスに課せられた役割と必要は広く新鮮な願いとなろう。

いわゆる知識人にもとめる書物は数多く窺うまでもない。

本刊行は、在来の観念類型を打破し、謂わば現代生活の機能に即する潤滑油として、逞しい生命を吹込もうとするものである。

われわれの現状は、埃りと騒音に紛れ、雑踏に苛まれ、あくせく追われる仕事に、日々の不安は健全な精神生活を妨げる圧迫感となり、まさに現実はストレス症状を呈している。

プレイブックスは、それらすべてのうっ積を吹きとばし、自由闊達な活動力を培養し、勇気と自信を生みだす最も楽しいシリーズたらんことを、われわれは鋭意貫かんとするものである。

—創始者のことば— 小澤和一

編者紹介

ホームライフ取材班

「暮らしをもっと楽しく！ もっと便利に！」をモットーに、日々取材を重ねているエキスパート集団。取材の対象は、料理、そうじ、片づけ、防犯など多岐にわたる。その取材力、情報網の広さには定評があり、インターネットではわからない、独自に集めたテクニックや話題を発信し続けている。

知《し》ってるだけで避《さ》けられる！
危《あぶ》ない前兆《ぜんちょう》

青春新書 PLAYBOOKS

2020年11月25日　第1刷

編　者　ホームライフ取材班《しゅざいはん》

発行者　小澤源太郎

責任編集　株式会社プライム涌光

電話　編集部　03(3203)2850

発行所　東京都新宿区若松町12番1号 〒162-0056　株式会社青春出版社

電話　営業部　03(3207)1916　振替番号　00190-7-98602

印刷・三松堂　製本・フォーネット社

ISBN978-4-413-21173-4